テキヤの掟

祭りを担った文化、組織、慣習

廣末 登

角川新書

まえがき

元暴五年ルールが半グレをつくった

筆者は、大学院修士課程に入った二〇〇三年から今日まで、暴力団をはじめとする反社会的集団、いわゆる反社を研究対象としてきた。そのためか、毎日新聞の鈴木《すずき》一生《いっせい》記者から、コラム「憂楽帳」で暴力団博士と命名された。[注1] ワシントン・ポスト紙でも、「Noboru Hirosue, a prominent expert on criminal sociology and the yakuza.」と紹介された（The Washington Post 二〇二一年一〇月一七日）。[注2]

筆者は、別に暴力団の存在を是としているわけでもなく、暴力団取材を専門とするライターのように、その社会の盃事《さかずきごと》や組織における縦横のつながりなどに通じているわけでもない。ただ、自身の非行少年時代の経験から生まれた素朴な疑問、「人はなぜヤクザになるのか」という問題に、学問的見地から取り組んだに過ぎない。

筆者が暴力団研究に着手した後、社会には大きな変化が起こった。二〇一〇年、筆者が生活する福岡県が、全国に先駆けて「暴力団排除条例（以下、暴排条例）」を施行したことである。翌年には、東京都と沖縄県の施行を最後に、全国四七都道府県で暴排条例が制定された。この条例において規定されている「元暴五年条項（元暴五年ルールともいわれる）」により、暴力団員、暴力団を辞めて五年を経過しない者などは、銀行口座の開設をはじめ各種契約ができなくなった。[注3] いまの世の中、銀行口座が持てなければ生活がたちゆかない。携帯が無ければ就職活動もしにくい。

この元暴五年ルール問題の実態や反作用等を知るべく、二〇一四年度に日工組社会安全財団（現在は日工組社会安全研究財団）の助成金を得て、暴力団離脱実態の研究に取り組んだ。この研究の成果は、『ヤクザと介護――暴力団離脱者たちの研究』（角川新書）の第二部で詳述されている。

この研究によって、暴排条例制定以降、暴力団員及び準構成員その他の周辺者、元暴力団員で離脱後五年を経ない人たちは（多くの暴排条例では「暴力団構成員等」とされる）、彼らの家族を含めてかなり窮屈な生活を余儀なくされていることを知った。[注4] 問題なのは、この窮屈さの濃淡・強弱・割合の程度である。暴力団構成員等が、日本国憲法の下、国民として当然享受できるはずの諸権利を制約されていることを知り、私は驚いた。

どういうことか。この条例は、暴力団のみならず、一般人に暴力団排除を義務付けるものだったのだ。たとえ同窓生や昔馴染《なじ》みとはいえ、暴力団構成員等（現役の暴力団や周辺者のみならず、元暴力団員で離脱後五年を経過していない者を含む）と付き合うことはまかりならんというものになっている。福岡市では、幼馴染みとはいえ、暴力団構成員等と年に一回でも食事を共にすると、密接交際者とみなされる恐れがある。[注5] 流石にここまでは行き過ぎだと私には思われる。

このように、暴排条例制定以降、暴力団をはじめとする反社に対する社会のまなざしは、厳しさを増していった。

暴排条例が施行されたことで身動きがとれず、糧道を断たれた暴力団に代わって勢力を増してきたのは半グレである。彼らは暴力団とは異なり、強固な組織性を有さない。暴力団の縦社会とは異なり、緩い横のつながりで犯罪に従事する。それも、高齢者をはじめとする社会的弱者を対象とした犯罪、とりわけオレオレ詐欺（特殊詐欺）やアポ電強盗、カードすり替え詐欺等で、新たな社会的脅威を生んだ。

最も厄介なのは、暴力団は「顔を売って、男を売ってナンボ」の存在だったが、半グレは「匿名化」が最大の武器である点だ。彼らは森の中に隠れる低木といえるから、一般人には見分けがつかない。現在も半グレによる匿名犯罪は、手を替え、品を替えて進行中である。

暴力団も、指をくわえて半グレの跳梁《ちょうりょう》を看過、放置することはなかった。二〇一〇年代の半ば頃から、次第に半グレをグリップすることで、彼らから上納金を取るようになる。さらに、あろうことか、一部の暴力団員は半グレのお家芸である特殊詐欺を真似る者も現れた。[注6]暴力団員であることがシノギを制約するから、自ら暴力団の看板を外して「元暴アウトロー」として半グレに加わる者や、半グレを統率する者が出現し、裏社会も複雑化していったのだ。裏社会が複雑化し、既存秩序が崩壊してきたといえる。

暴力団とテキヤを同一視することは誤り

このような現状は、二〇〇〇年代初頭から裏社会の調査・研究をしていると、自然に見聞きするものである。加えて、筆者は二〇一八～二〇一九年度にかけて、法務省委託事業である福岡県更生保護就労支援事業所長を務め、現在も保護司として活動しているから、数えきれないほどの刑務所出所者と面談してきたことが大きい。彼らの中には、少なからず、暴力団に加入していた者、半グレのメンバーであった者なども認められ、筆者の調査地点である関西圏《かんさい》以外のタイムリーな裏社会の情報を得ることができたのだ。

混沌《こんとん》とした裏社会の現状を重く受け止め、犯罪学や社会病理学研究者の論文を渉猟したが、現代の裏社会を俯瞰《ふかん》するリアルな研究は見当たらなかった。そこで、半グレや元暴の人たちに会い、彼らから得た一次データに基づき、『だからヤクザを辞められない――裏社会メルトダウン』（新潮新書　二〇二一年）を上梓《じょうし》した。

「暴力団博士」と呼ばれつつ、およそ二〇年の期間、暴力団をはじめとする反社会的勢力を研究してきた筆者の感覚に照らせば、テキヤの圧倒的大多数は暴力団ではない。[注7] しかし、テキヤ系暴力団が存在することも事実ではある。

それが極東会《きょくとうかい》だ。

「極東会は、『極東』の名づけ親である関口愛治を初代とする極東桜井一家関口一門を中核とする全国で最大規模を誇るテキヤ組織である」と言われている（実話時代編集部編『極東会大解剖』三和出版、二〇〇三年、八頁）。

この「関口一門にはもともと庭場がない。戦前、本拠を浅草から大塚に移しても、そのシノギの中心は地方における商売だった」とある（前掲書、一〇頁）。

しかし、戦後になると、次の記述にみられるように、暴力団としての活動が顕著になってゆく。

戦後の〝極東〟については警視庁の暴力団リストに「戦後の混乱期に池袋のブラック・マーケットの利権を獲得し、配下に大幹部、中幹部の階級制度をもうけて急激に発展。本来の露店営業を離れ、景品買い、ノミ行為、デンスケ賭博、人夫出し、キャバレーの用心棒、債権取りたてなどを資金源とする者が多い」とある。（前掲書、一〇頁）

このように、テキヤであったはずの極東会は、戦後早々、暴力団のシノギに手を出し、勢力を伸ばしてきた。

極東会を指定暴力団とする決定的な事件は、一九九三年七月に起きた山極抗争（山口組山建組と極東会の抗争事件）である。この事件を契機に、極東会は東京都公安委員会と警視庁から指定暴力団に指定され、暴対法に基づく「組事務所の使用制限」を命じられた。

極東会を知るテキヤのOBに聞いたところ、「極東会の構成員数、広域化、ピラミッド型の直参化、構成員の検挙率に加え、任侠《にんきょう》団体（暴力団）に引けを取らない戦闘力（山建組との山極抗争や住吉会との池袋抗争）などから、指定暴力団とされたのだろう。私も、極東会が社会から暴力団とみなされることは、致し方ないと思う」と語っていた。

テキヤは基本的に稼業違いの暴力団相手にドンパチをやるような抗争はしない（テキヤは商売人、暴力団は博徒だから基本的に稼業が違う）。なぜなら、テキヤは庭場があるため、抗争などすれば商売ができなくなるからだ。

守るべき庭場を持たない極東会は、戦後から暴力団としてのシノギに手を出していた。そして、一九九三年の暴力団との抗争を経て、当局から指定される指定暴力団となり、もともとの稼業であるテキヤとは完全に袂《たもと》を分かつことになったのである。

しかしながら、巷間《こうかん》では誤解があるようで、テキヤでも口座が持てない、あるいは、口座取引解約などの不幸な事態に至ったケースもある。本書は、まず、この誤解を解きたいという思いから書かれたものである。ゆえに、テキヤで長年商売をしてきた人のライフヒストリーを記している。

まず、紹介する大和《やまと》氏（仮名）は、関東《かんとう》の由緒あるテキヤ組織の幹部であった。筆者の著書を読んでメッセージを頂いたことが、親交の始まりだ。メッセージを一読すると、テキヤ組織を離脱（二〇一七年二月二五日離脱）して五年を経過していないから、自治体から建設会社の許認可を取り消されそうだという氏の悲痛な叫びが読み取れた。[注8]「テキヤは暴力団とは違うから、元暴五年条項は関係ないのではないか」、と筆者は軽く考えていたが、結果的にその会社の許認可は取り消されてしまう。大和氏の奔走により、彼の会社に在籍していた従業員は他社に引き取ってもらうこととなり、二〇二一年の春、会社を畳むこととなった。

メッセンジャーでのやり取りを重ねた後、二〇二一年一二月四日に、自宅にお邪魔して以降、大和氏から断続的に話を聞いた。

なお、大和氏が所属していたテキヤ組織は現存するため、本人をはじめ関連団体、登場人物共に仮名での紹介とすることを、予《あらかじ》めお断りさせていただく。

次に登場する、人形師でテキヤを経験した宮田《みやた》氏は、大和氏の奥さんと三寸（テキヤの売台）を並べて商売した仲であり、大和氏とも旧知の仲であった。大和氏の紹介で宮田氏と会った筆者が当時の回想を話してほしいとお願いした。

彼らの話に耳を傾けて頂ければ自明だが、暴力団とテキヤを同一視することは誤りである。ヤクザは人気商売であり、地域密着型の「裏のサービス業」だが、テキヤは売る商品を持っている。顔が見えない商売ではなく、一つひとつの商品を対面で売って、一〇〇円、二〇〇円の利益で細々と商売している。だから、テキヤは暴力団や博徒を指して「稼業違い」という。

元露天商の作家である北園忠治《きたぞのただはる》は、テキヤについて次のように述べている。


　香具師の集りである各地の神農会は、私の意見からすれば一種の自衛隊であると断言したい。神社や寺院の縁日や祭礼、華やかなる場所での営業、傍目には華やかに見えても、その内情は決して楽なものではないが、華やかなるが故に、他の暴力団や極道《ヤクザ》組織の標的となりやすい。人身保護のために警察があるではないかとの御指摘をうけるかもしれないが、警察というところは被害をうけてから初めて動き出すものであって、被害をうけてからでは遅いのである。

　その日暮らしの零細なる商人が、その日の売り上げ金でもって、その日の飯米を購うために、外敵を防ぐべく自衛のために団結組織したのが神農会である。労働者の方が、労働組合を組織して資本家の弾圧に対抗する如く……零細業者同士が、外部の弾圧や、雨を凌ぎ風を避けるために、ひっそりと肩を寄せ合い、手を握りあっているのが香具師の社会であり、その組織を神農会と称している。（北園忠治『香具師はつらいよ』葦書房、一九九〇年、一九頁）

もっとも、先述した極東会のように、戦後の動乱期、闇市に従事していたテキヤが経済成長期に暴力団化し、現在、暴力団として活動している団体もあることは事実だ。いわゆるテキヤ系暴力団だが、総じてテキヤは非合法なことはしていない。むしろ、神社仏閣における「お祭り」の名脇役であるといえる。

二〇一一年の一二月下旬から筆者は地元のテキヤ組織に入り、断続的に商売に従事したことがある。その時の経験を振り返っても、彼らテキヤは非合法なことは何もしていなかった。強いていえば、労働基準法に抵触する時間外労働くらいのものである。

以下では、まず、「テキヤの人ってどんな人」という疑問に答えるために、二〇一〇年代後半まで、関東の由緒あるテキヤ組織の事務局長であった大和氏の半生を記す。彼とは、先述したような「困りごとの相談」以降、度々面談して、テキヤに入った切っ掛けやテキヤの言語など、生活史からテキヤ文化までを聴取させてもらった。併せて、巻末のテキヤ用語一覧の監修にも一肌脱いで頂いた。

つぎに、本所《ほんじょ》・深川《ふかがわ》を本拠地とするテキヤの帳元（親分）の娘である宮田氏から、テキヤの帳元であった父親の回想と、自身のテキヤにおける商売の思い出を語ってもらった。聴取時点で七四歳の彼女の話は、戦後から経済成長期における日本のテキヤの実態がわかる貴重な証言といえる。そこには、敗戦国となり、焼け野原の中から復興する東京と、焦土の中で家族と共に生き抜くために翻弄《ほんろう》される、ひとりの人形師の生き様が語られる。

本書の後半では、テキヤの近代史を概観した上で、テキヤの担い手の減少と、コロナ禍で呻吟《しんぎん》するテキヤ業界について、現役のテキヤ幹部から現状と課題を語ってもらった。最後に、テキヤの仲間内で口伝により受け継がれてきたサブカルチャー、すなわち、テキヤ用語を紹介する。併せて、筆者がこれまでに見聞きした範囲における裏社会用語一覧も添付している。これは、テキヤ社会の歴史ある固有の文化が裏社会とは一線を画すことを知ってもらいたいからである。

テキヤが日本文化の一角を担う商売人、稼業人であると知ってもらえれば幸いである。そして、ぜひ祭りに足を運んでもらいたい。これまでとは違う目で、日本のお祭りを楽しんでいただけることだろう。

注1　二〇一五年九月二九日毎日新聞夕刊。

注2　本書中では、基本的に暴力団という表記を用いる。他にもヤクザ、博徒、任俠団体などを用いているが、いずれの表記方法も暴力団と同義である。

注3　二〇一一年六月、全銀協が銀行取引約定書、当座勘定規定に導入すべき暴排条項の参考例の一部改正を公表。二〇一八年一月、預金保険機構を通じた警察庁データベースへのオンライン照会システムの運用開始。排除対象は、暴力団、暴力団員、暴力団員でなくなった時から五年を経過しない者、暴力団準構成員、暴力団関係企業、総会屋等、社会運動等標ぼうゴロまたは特殊知能暴力集団等、その他これらに準ずる者である（全銀協HPより）。

注4　二〇二一年一月に公開された藤井道人監督の映画『ヤクザと家族　The Family』では、暴排条例下における暴力団員の生きづらさがリアルに描かれている。

注5　「密接な交際」とは友人又は知人として、会食、遊戯、旅行、スポーツなどを共にするなどの交遊をしている場合をいう。この場合、偶然に会った場合は含まれないが、年1回でもその事実がある場合は当該要件に該当する（福岡市競争入札参加停止等措置要領運用基準）。

注6　警察庁が発表した「令和3年における特殊詐欺の認知・検挙状況等について」をみると、特殊詐欺における「中枢被疑者の検挙人員（43人）に占める暴力団構成員等の検挙人員（割合）は17人

（39・5％）であり、出し子・受け子等の指示役の検挙人員に占める暴力団構成員等の検挙人員（割合）は21人（53・8％）、リクルーターの検挙人員に占める暴力団構成員等の検挙人員（割合）は62人（39・0％）であるなど、暴力団構成員等が主導的な立場で特殊詐欺に深く関与している実態がうかがわれる」と、指摘されている（警察庁暴力団対策課、生活安全企画課　広報資料）。

注7　本書では、テキヤという表記を原則とする。引用箇所では、香具師や神農、神農界という表現が使われているが、これはテキヤと同義である。なお、神農とは古代中国の伝説的な人とも神ともつかない存在であるが、この神農については、序章注8において詳述している。

注8　埼玉県県土整備部建設管理課より、「建設業許可の取消処分に係わる聴聞」を件名とした文書が、二〇二一年一月一九日に大和氏宛に送達されている。同年二月四日には、県のHPにおいて、「建設業者に対する許可取消処分について」という見出しで公開された（県の取消通知は、二月四日に郵送で届いている）。詳細は言及しないが、同社は「第8条第9号に規定する暴力団員等であり、法第8条第12号（役員等のうちに第9号に該当する者のあるもの）の欠格要件に該当する。また、当該暴力団員等が事業活動を支配しており、同条第14号の欠格要件に該当する。このことは、法第29条第1項第2号に規定する許可の取消事由に該当する」と明記されている。

ここでいう法とは、建設業法である。同法の第8条第9号には、次のような記述がある。「暴力団員による不当な行為の防止等に関する法律第二条第六号に規定する暴力団員又は同号に規定する暴力団員でなくなつた日から五年を経過しない者（第十四号において「暴力団員等」という。）」

目次

第一部　テキヤの世界

と中学時代／数学教師をぶん殴って高校中退する／暴走族のシノギはパー券とアンパンの販売／最初の逮捕は保護観察処分だった／お次は試験観察／少年保護施設で暮らす／シャブの縁がテキヤへの道／部屋住みは、親分の理不尽にひたすら辛抱／昔は警察公認で「手配師」稼業は簡単にまかり通った／親分の目を盗みパチンコ三昧／傷害事件で逮捕される／伴侶との出逢い／本格的に商売の道へ／我が家のネタは「ソースせんべい」／少しずつネタを増やす／バイはつらいよ／酉の市の熊手の商売は助け合い／昔は刑事さんもお客さん／商売を研究する／テキヤ組織での役割／祭りの混雑をさばくのも世話人の仕事／暴排条例で何もかも一変した／バイだけでは食えず、建設職人と二足の草鞋／人一倍元気な妻に異変が／足を洗う覚悟の時／妻の病再び／クリスマスイヴに悪魔から届いたプレゼント／「暴力団博士」と出会う／二人だけの最後の戦い／それぞれの旅立ち／これからの決意

序　章　テキヤ稼業とはなにか

テキヤに入門する

筆者はテキヤとは縁が深い。なぜなら、自身が四〇代の頃にテキヤ稼業を経験したからである。その理由は二つある。ひとつは、うつ病のリハビリを兼ねて、以前より興味がある仕事をしてみたいと考えたからだ。たまたまアルバイト・ニュースのページを繰っていたら、「あなたもB級グルメの匠《たくみ》になりませんか」というコピーが目に入った。「おっ、これはテキヤじゃないか」とばかりに、筆者はすぐに面接に赴いた。若いころからテキヤには憧《あこが》れがあり、一度働いてみたかったのである。だから、渡りに船とばかりに飛びついたのだ。

この時は知る由もなかったが、テキヤのバイ（商売）は、傍《はた》から見るほど楽なものではない。もちろん肉体的にもかなりキツいのだが、問題は独特の文化である。言葉ひとつとっても、様々な隠語やフチョー（符丁）がある。バイ（商売）が忙しいため、その隠語を彼らはいちいち教えてはくれない。お客が立て込む繁忙時に、指示が分からずにモタついていたら、邪魔だとばかり邪険に扱われる。筆者は、この隠語をマスターしたいくちであったから、楽しんで仕事をした。しかし、年末と正月三が日のアルバイトで小遣い稼ぎに来た人たちは、指示がチンプンカンプンで堪《たま》ったものではなかったと思う。

アルバイトでも段々と修業を積むと、いっぱしの即戦力として扱われるのがテキヤの社会である。筆者は、年末の小屋組みから年末年始のバイ、福岡市博多《はかた》区の十日恵比須《とおかえびす》神社で行われる十日恵比須祭り（正月大祭。一月八日から一一日）[注1]まで二〇日間ほど働いてからというもの、多忙を極める時期になると、いつも電話で呼び出されていた。そこでは、本職に交じってタンカバイ（口上を伴う商売）を満喫できたわけである。

コロビ、ナシオト、ゴランバイ、サンズン

昭和の時代、盆と正月の定番映画といえば、松竹映画の『男はつらいよ』であった。渥美《あつみ》清《きよし》が演じる主人公の寅《とら》さんは、テキヤで一本の稼業人（親分を持たない旅人《たびにん》）である。

彼は、全国を旅しながら「遅ればせの仁義、失礼さんでござんす。私、生まれも育ちも関

東、葛飾柴又《かつしかしばまた》です。渡世上故あって、親、一家持ちません。駆け出しの身もちまして姓名の儀、いちいち高声に発します仁義失礼さんです。姓は車《くるま》、名は寅次郎《とらじろう》、人呼んでフーテンの寅と発します。西に行きましても東に行きましても、とかく土地、土地のおあ兄さんおあ姐《ねえ》さんにご厄介をかけがちたる若僧です……」などと、土地の同業者にアイツキ（つきあいの転倒語であり、アラメン＝初対面の面通しのこと。博徒は「仁義を切る」ともいう）し、土地の祭りの一角でコロビ（地面にゴザなどを敷き、商品を並べて売る方式）の商売を許されている。

このアイツキは、最近ではナカナカ見掛けなくなったが、テキヤの稼業人は、少し前の時代までは、これが出来ないと一人前ではなかったといわれる。さらに、一歩作法を外れたら、ゴロ（喧嘩《けんか》）になりかねない剣呑《けんのん》なサブカルチャーでもあったのだ。たとえば、口上を述べる時、一人前のテキヤであれば、左手の親指は他の四本の指の中に折り込んで隠さなくてはならないし、親分もちの場合は、外に置くというような厳格なルールが存在する。

筆者が知る限りでも、アイツキに満足な返しができず、身内の者が旅人さんの親分の在所まで詫《わ》びを入れに行ったと聞いたことがある。セリフを噛《か》み噛みでもいいから、ひと通り返せないと恥をかく。ヘタをすれば、親分の顔、一家の看板に泥を塗ることになるから、真剣に臨まないといけない。少しばかり大層な解釈をすると、テキヤ一家の沽券《こけん》にかかわる、瞬間、刹那《せつな》の儀式なのだ。江戸《えど》時代末期から明治にかけては、テキヤに紛れ込んだ犯罪者やゴロツキ、質《たち》の悪い無宿人を判別する方策であったため、緊迫感を持って行われたそうである。
話を戻すと、寅さんの業態であるコロビとは、テキヤの業界用語であり、ゴザを広げた上に商品をコロがし「さて、いいかねお客さん、角の一流デパート、赤木屋《あかきや》、黒木屋《くろきや》、白木屋《しろきや》さんで、紅オシロイつけたお姉ちゃんから、ください、ちょうだい、いただきますと、五〇〇〇や六〇〇〇、七〇〇〇、一万円はする代物だ。今日はそれだけ下さいとは言わない……」などと、流ちょうな口上つきで売るタンカバイ（口上を伴う商売）という伝統的な商売スタイルだ。昨今、このような流ちょうなタンカバイは見かけなくなった。
一昔前の昭和中期は、ガマの油売りや、蛇の油で作った軟膏《なんこう》のような薬種を扱うジメ師（オージメともいう。沢山の人＝ヒトを集める＝シメることからジメという）などが、大道芸人さながらの巧みなタンカの強弱で聴衆を集め、笑わせ、ナルホドと感心させてバイを行ったと、筆者が世話になったテキヤの頭《かしら》に聞いた。[注2]
そのほか、縁日のテキヤの商売にはいくつかのスタイルがある。商品を並べるだけのナシオト、あるいはゴランバイ（音がしない、大人しいなどの意味でナシオトという。キャラクターのお面や風船を売る商売。あるいは、親が子どもに見てゴランというところから「ゴランバイ」ともいう。店舗形態としては、コミセ＝古見世と呼ばれる）、コロビ（改めて要約すると、ゴザの上に商品をコロがし、タンカにメリハリをつけて商売する）、サンズン＝三寸（組み立てた売台で三尺三寸のサイズ、あるいは、「軒先三寸借り受けまして」というがごとき露店からきた呼称であり、タコ焼きや焼き鳥の売台はこれにあたる）、テキヤのほかのネタ（商品）としては、ボク（植木商）、タカモノ（曲芸、見世物、幽霊屋敷など）、ハジキ（射的屋）、ロクマ（占者）、ヤチャ（茶屋、休憩所）、ジク（籤引《くじび》き）、電気（綿菓子）、チカ（風船）などなどがある。

お祭りや祭祀《さいし》に立つ縁日、タカマチのゆかりは、「寺はその祀る本尊の縁《ゆかり》の日に、法会を催す。すなわち縁日《えんにち》である。そこから一般の人は、夜店・昼店の出る法会を「縁日」とよびならわしてきた。

典型的な縁日の屋台

神社もまた祭神のゆかりで、時を定めて祭祀をする。年一回のもあれば春秋のもある。夏が多い。毎月のもあるが、それらは例祭で、ほかに大祭がある」とされている（添田知道『てきや（香具師）の生活』雄山閣、一九六四年、一四〇頁）。

もっとも、地域のお祭りには、若い男女の出会いの場という意味合いもあった。たとえば、有名な高知県の「よさこい祭り」の囃子詞《はやしことば》「よさこい」は「夜さり来い」が由来という説もある。何ともロマンチックである。ちなみに、「たとえば駅ができたとか博覧会が催されるとかで、ある市、ある町に人出が見込まれ、市が立つ。これをできたかまちというのである」(前掲書、一五一頁)。

こうした寺社における法会、例祭には人が集まるから、参詣《さんけい》に往復する人を当て込んで、露店が並ぶようになった。参詣に来た人がお参りし、お賽銭《さいせん》をあげ、神籤《みくじ》を引く。帰りには露店で喫食し、ゴランバイで子どもの玩具《おもちゃ》など(お面や綿菓子)を買う。これで、寺社の側と、テキヤの側とが共に儲《もう》かるという計算である。さらに、寺社側は、テキヤからショバ代(場所貸し代金のこと。カスリともいう)を取るわけだから、いい商売である。電気代も三寸一台一灯あたり二〇〇〇〜三〇〇〇円を集めているが、これについては、テキヤ側と寺社側の取り分がどうなっているのか、筆者は知らない。

祭りが終わった深夜、境内や参道を掃除する

何《いず》れにしても、出店の配置は、その庭場(ニワバ=ヤクザでいう縄張りと似て非なるもの)を取り仕切る親分の采配《さいはい》により、実際は世話人である親分か、その組織の幹部が行う。これをテイタ割り(=ショバ割り)という。[注3]

テイタを割る前段階として、まずはチャクトウ(到着簿)をつけ、ネタ(商売で扱う品)の種別、業態、他所《よそ》の土地から商売に来る旅人の一家名と、本人の名を記していく。これらのネタと業態、そして旅人の持つ一家の看板の重さ、業種などの様々を検討し、上(カミ=神殿寄り）、中、下に店を割り当てる（浅草《あさくさ》のテキヤでは、テンショバ「いい場所」、ガリショバ「あまり良くない場所」と言っていた）。この作業は、旅人の顔を立て、同じ商品が近くに並ぶなどといった商品のバッティングを防ぐためである。テイタを割るのは庭主《ニワヌシ》＝世話人である親分であるが、彼の存在が無ければ、祭りは混沌《こんとん》とクレームのるつぼと化すから一筋縄でいかない。その理由は後述する。

テイタ割りを世話するのは、テキヤの庭主である。今日の庭主の親分でも、よその土地に行って商売をしようと思えば、自分の身内の者が旅人として世話になる。したがって、テイタ割りは、同業者の互助的なルールであると同時に、旅人の顔を立てるという配慮が不可欠であるから、緻密《ちみつ》さと熟練が求められる。ちなみに、この詳細は、彼らの秘中の秘らしく、筆者がどんなに頼んでも教えてくれなかった。

実際、タカマチ（祭礼）の稼ぎ込み（修行中の若い衆）[注4]は忙しい。お客がつかない時間帯に油を売っている若い衆をみて、「なんだ、テキヤの仕事って楽勝そうじゃん」などと、筆者の若い時代にはテキヤに憧れる人が居たが、テキヤ稼業ほど大変なものはない。

まず、お祭りの数日前から小屋組みをしないといけない。これは、大型のヤチャ小屋（茶屋）を組むことから始まり、次に三寸を組んで行く。組むというと簡単に聞こえるが、テキヤの商売は、祭りが終わると、その日の内に迅速に露店を畳まないといけないので、全てが紐《ひも》で組んである（規模が小さな祭りは、一日で商売を畳んで、他所の祭りに移動することも普通にある）。筆者などは、小屋組みの終盤には、指先の感覚が無くなり、歯で紐を結んでいた位である。

祭りが近づくと、大量の材料を仕入れる。キャベツやネギなどの青物は業者がトラックで持って来るが、これを若い衆が一列に並び、バケツリレーよろしく手渡しでテントの中に収納するのである。最初の一〇箱くらいはマアマアだが、三〇箱も手渡ししていると、腰にくる。実際にはキャベツだけでも一〇〇箱位はあったと思う。キャベツとジャガイモがネタの中で最も手強《てごわ》い。

祭りの当日には、それらを各三寸なり調理する場所なりに運び、延々とキャベツ切りをしないと間に合わない。それは、主として、お好み焼きや焼そばといった「コナモノ」に用いる。ちなみに、お好みソースなどは一斗缶で山のように届くため、テントの中に壁ができる。

調理器具の燃料であるガスボンベは、重たい上にかさ張るから難儀である。資材小屋の裏手は、まるでお寺の裏手にある墓場のように大小のガスボンベで埋め尽くされる。さらに、調理に使用する飲料水も、ポリタンクで事務所から運び込む。これはトラックで輸送するのだが、際限がなく嫌になる。いつまで続くのかと尋ねるのは愚問である。誰にも分からないのだから。ひとつ言えるとしたら、事務所のポリタンクが無くなるまでである。最近では、

これらに加えて、各所に消火器を設置しないといけないから、尚更《なおさら》大変そうである。[注5]

さらに、これがもっとも厄介なのだが、祭りが終わった深夜、テキヤで商売をした人は、神社の境内や参道を掃除する。ジュースのプラコップの一個、輪ゴムの一本も落ちていないように、文字通り水も漏らさぬ徹底的な清掃だ（関東などでは、祭りの期間中に定期的な清掃のみを行う専門のアルバイトを雇用していると聞いた）。祭りの最終日は、ただでさえ疲れ切っている。三寸を畳んで、資材と一緒に車に積み込み、ホッと一息つく暇もなくこの徹底清掃を行うわけである。最後に、その庭場の幹部が各所をチェックして、問題がなければお開きとなる。問題があれば、再度、掃除を行わなくてはいけないのだ。

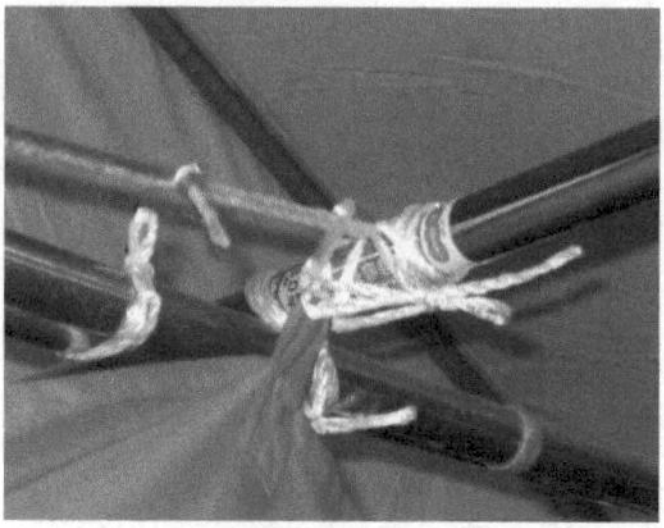

三寸の組み方

ヤクザとテキヤは祀神が違う

筆者がマスコミで話をすると、「暴力団博士」と呼ばれることしばしばであるが、筆者はヤクザの飯を食ったことはない。しかし、テキヤには一宿一飯の世話になった。手前味噌《みそ》で恐縮だが、百貨店のセールや北九州《きたきゅうしゅう》市小《こ》倉《くら》の魚町銀天街《うおまちぎんてんがい》の雑貨店の客引きでタンカバイに慣れていたお陰もあり、ほ

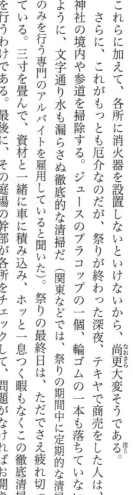

かの三寸より多く売り上げたから、祭りの最終日に親分代行からわざわざ礼を言われたし、給料袋に五万円ほど多く入っていた。何と、由緒ある旅人さんからスカウトまでされる始末である。

ヤクザなら「縄張り」と称すところを、テキヤは「庭場《ニワバ》」と呼ぶ（すべてのテキヤが庭持ちではない）[注6]。物を売るという、実体のある商売でしかカネを儲けない。恐れるのは、暴対法ではなく食品衛生法であり、保健所に頭が上がらない[注7]。かなりシンドイ肉体労働に、幹部であっても従事する。さらに言うと、裏社会で調査の場数を踏んできた筆者は、覚せい剤などの違法薬物使用には鼻が利く方だが、多忙なタカマチの日に、一五時間労働でへとへとになりながら違法薬物を用いている若い者を見たことがない。

何より、神農であるテキヤは祀神（祭神のこと）が違う。テキヤの盃事《さかずきごと》の儀式には、中国神話の農業の神である神農《しんのう》と、中国の伝説の帝王で医学の祖とされる黄帝《こうてい》、「神農黄帝」の軸を掲げる[注8]（ヤクザの場合は「天照大神《あまてらすおおみかみ》」を中央に掲げ、「八幡神《はちまんしん》」、「春日《かすが》大社」を左右に掲げる）。

テキヤはヤクザか――現時点では筆者の見解とは異なる意見もある。たとえば、溝口敦《みぞぐちあつし》氏の『暴力団』（新潮新書、二〇一一年）では、以下のように書かれている。

人気の映画『男はつらいよ』の寅さんこと、車寅次郎は暴力団の組員なのでしょうか。

テキ屋が彼の稼業ですから、今の法律では確かに暴力団に分類されます……まじめに街商をやっている人たちを、一律に暴力団とみなして祭礼の境内などから追い払えば、お祭りだって楽しくなくなってしまう、という声はとても多く、地域によっては警察も見て見ぬ振りをしているのです。（二〇頁）

これは体感的には納得するが、得心できない。実際、縁日の雑踏を、これでもかという威圧的な人数で警察官がパトロールしていたが、こちらから挨拶《あいさつ》をしても、返事を返されたためしがない。

ただ、溝口氏は関東在住だから、テキヤ系指定暴力団の極東会に目が慣れているのでヤクザ色が強く感じられるのかもしれない。西日本のテキヤは、行政の厳しい規制にも従順であり、商売にも熱心に取り組むし、指定暴力団でもないから、当局の目も関東に比べると緩やかなようだ。

こうした傾向を象徴する出来事が、朝日新聞の記事になった。代々木《よよぎ》公園の平日（ヒラビ＝常設屋台）摘発である。暴排における当局の本気度と、異例とはいえ、テキヤの肩身の狭さを象徴する出来事であった。

代々木公園（東京都渋谷区）の占用許可を都から得ている常設の屋台を警視庁が調べたところ、全7店舗の出店者計7人について指定暴力団極東会系の関係者と分かったとして、同庁は28日、東京都に連絡した。都は出店者に聞き取りし、占用許可の取り消しを検討する。

7店舗のうち3店舗は現在営業していない。都によると、都立公園で営業中の屋台に関し、暴力団の関与を理由とした占用許可の取り消しは極めて異例だ。（「朝日新聞デジタル」、二〇一九年一月二八日）

同様の取り締まり強化が、他所の地域に飛び火しないことを祈るばかりである。テキヤへの締め付けは、誰にとっても益がない。たとえば、筆者の生活する福岡市では、九州《きゅうしゅう》の夜の街を代表する中洲《なかす》のイベント「中洲まつり」がある。このイベントも、数年前からテキヤの屋台が姿を消し、素人の飲食ワゴンなるものが台頭した。お祭りのプロであるテキヤの声も響かず、品揃えも十分でないため、祭の殷賑《いんしん》が半減し、博多っ子も「今日は何がありよっと？　あ、中洲まつりね」という具合である。この飲食ワゴンを出しているのは中洲に店を出している飲食店などである。これは、出店者側も面倒この上ない。自分の店舗を二の次にして、慣れぬ出店に人員を割かねばならないからである。

保守点検、共益費の回収も世話人の仕事

日本の原風景を継承してきた縁日の仕掛け人「テキヤ稼業」の陰には、その祭りを支える庭場の親分と、若い衆の並々ならぬ苦労がある。旅人さんが気持ちよく商売できるように、出店ルールを遵守するように監督することから、電気代の集金、ゴミの回収、露店で食中毒を出さないため、調理プロセスや衛生管理に目を光らせることまで、親分の責任は多岐にわたる。

テキヤの商売には、それなりのルールがある。そのルールの管理人は、庭主すなわち、庭場の親分である。親分の顔にかけて、庭場の若い衆も身体を張ってその秩序を保つし、旅人も在所の親分の顔に泥を塗るようなことはしないよう、自前の若い衆を戒めるのである。

たとえば、フライドポテトとして割られた場所で商売を始めたとしよう。この稼業人が素人であれば、次のように考えるかもしれない。「折角、フライヤーがあるのだから、アメリカン・ドッグもできるし、唐揚げもできる。よっしゃ、一石三鳥やで」と。そうすると、近隣のアメリカン・ドッグ屋や、唐揚げ屋から苦情が出る。しかし、直接、文句を言うと喧嘩になる恐れもあるし、そうなったら、庭場の世話人に迷惑を掛けるから、とりあえず本部事務所にケツを持ち込む。そもそも、割り当てられたネタを変えること自体、厳禁である。

すると、親分は、若い衆にナシ（話）をつけて来いと命令する。早速、若い衆が一石三鳥の店主を諭して、フライドポテトに専念してもらうという寸法である。日本人でないとこうした道理が分からない。だから、在日外国人の経営する露店が縁日では見掛けられないのである。

しかし、こうした庭場も、近年は減少の傾向がある。なぜなら、当局から反社会的勢力という色眼鏡で見られることで、テキヤへの規制が厳しくなり、跡を継ぐ若い者が減り、親分不在の庭場が出てきたからである。そうなると、庭場の番人をする役目は、われらが公務員であるお巡りさんにお鉢がまわってくる。[注9]

お巡りさんもナカナカやるもので、ちゃんとテイタを割ってくれる。この警察によるテイタ割りのことを、業界では「ヒネ割り（ヒネとは警察を指す隠語）」と呼ぶ。[注10]しかし、そのテイタ割りが、微妙な利害関係を汲《く》んだ公平で互助的なものかどうかは分からない。さらに言うと、テイタを割ったあとの保守点検までは手が回らない。だから、もし、先述した一石三鳥の店主のごとき業腹な人間が出てきたとしても、そのケツを所轄署に持ち込んだところでどうにもならない。食中毒が出たといって、警察署長がお客に謝罪するという図は想像できない。

ほかにも、場所代、電気代、ゴミ処理に掛かる費用の徴収は誰がするのかという問題なども指摘される。これらは、世話人が、祭りの中日頃に境内の三寸を一軒ずつ回って、旅人さんに労《ねぎら》いの言葉をかけながら、現金回収するのである。警察官にそのような面倒なことができるとは考えにくい。

ヤクザは一般人からクレームを付けられることはないが、テキヤにとって、お客さんからのクレームは、庭主一家の看板、ひいては親分の顔に泥を塗ることになる。筆者が居候していたテキヤでも、かつて食中毒が出た時は、幹部が土下座もので謝罪したと聞いた。もっとも、お客さんがテキヤの事務所に怒鳴り込むというのではなく、クレーム自体は、神社の社務所に上がるのであるが。

そのほかにも、目に見えない、いわゆるテキヤのサブカルチャーともいうべき掟《おきて》の下に彼らの稼業は成り立っている。

テキヤは業態が移動であり、様々な人間が入ってくる。筆者が居たテキヤにも、ガテン系の元公務員や農村の力自慢の若い衆、大工や電気工など、様々な技術を有する人たちが居た。しかし、稀《まれ》に在所を追われたヤクザも来る。応募者がヤクザの場合は「どこそこの何某《なにがし》が、当方の世話になりたいと来ているが、そちらのお身内だった方ではないか」などと、電話で身元確認を行う。復縁可能性がある黒字破門か、カタギ変更したことを理由に除籍になっている程度で、かつ先方の親分さんが、「何某は、いまは当家とは関係の無い者です。在所の誰それ親分さんにはご面倒掛けますが、よろしゅう……」などと言ってくれたら、身柄を引き受ける。だが、ヤクザとして重大なマチガイをやらかして、赤字破門や絶縁[注11]と判明した場合は、稼業違いのテキヤでも引き受けない。

歴史的にみても玉石混交の組織であればこそ、仲間の緊密性が不可欠となる。移動はしても本拠地を持たねばならない。それを持たない若い衆は、親分を持ち、そこでの修業の末にテキヤ＝露天商の資格を得ることができる。こうして親分・子分の関係が成り立ち、一家が形成される。これは、稼業上の一家、疑似家族制度の構築である。[注12]この家名を名乗ることで、旅から旅のテキヤも、営業のために、よその庭場を渡り歩くことができるし、行く先々で土地の親分の世話になり、便宜をはかってもらえる。そして、かれらは、こうした緊密な仲間を指していう――おれの「ダチ」と。[注13]

古くより、彼らの口伝による決まりごとはシンプルだ。バヒハルナ（売上金をごまかすな）、タレコムナ（仲間内のことを警察に訴えて出るな）、バシタトルナ（仲間の妻女を犯すな）である。こうした禁忌を犯せば、一家から破門され、テキヤ渡世はできなくなる（添田知道『てきや（香具師）の生活』雄山閣、一九六四年、一一九〜一二〇頁を参照）。

盃事で頼りにされるテキヤ

花見の席のこと。その名所は、神社がちょっとした丘の上にあり、坂道がまっすぐに延びている。もちろん、その両脇にはテキヤの三寸が、肩を寄せ合うように並んでおり、威勢のいいタンカが飛び交う。

そのような中、スーツを着た男性が「ご商売中にすいません。私はどこそこ一家の者（ヤクザ組織の一家）ですが、親分が花見にお邪魔させていただきます。よろしくお願いいたします。これは些少《さしょう》ですが、お飲み物でも」と言って、ピン札が入った封筒を手渡していた。平坦な参道ではなく、坂道に並ぶ三寸全てに挨拶していたから、春とはいえ汗だくである。ちなみに、親分はというと、車輌《しゃりょう》通行禁止の立て看板を、ガードマンが（恭しく）外してくれたから、上の花見の席まで車で上って行った。

こうなるとテキヤは大忙しである。頭《かしら》から指示が飛ぶ。

「おい、○○組の親分が来るらしいから、焼き鳥、イカ、タコ、キビ（とうもろこし）を、どんどん焼け。シケネタ（古い素材）なんか使うなよ、マブネタ（新しい素材）使えよ」

若い衆も緊張して、鉄板を磨きだす者、車のアイスボックスに仕舞っていたマブネタを取りに行く者と、にわかに慌ただしくなる。花見のバイは、鉄板に桜の花びらが落ちてくるから厄介だ。それでも、着々と調理は進み、鉄板の両脇に、出来立ての献上品が積まれてゆく。

沢山の料理が出来上がって、さて誰が花見の席に持って挨拶にゆくかという段になって、若い衆はお互いに顔を見合わせてモジモジしている。誰の顔にも「遠慮します」と書いてある。仕方がないので、客として頭の三寸で遊んでいた筆者が手を挙げた。すると、「でも、先生、二人じゃ持てんよ」と頭が言うので、「そこの、坊ちゃんのベビーカーを使わんね」と提案した。五分後、ベビーカーは、銀色のパーティープレートを満載したワゴンへと変貌《へんぼう》した。

この一件でもわかるように、テキヤの若者は、稼業違いのヤクザを「ホンマもの」として、敬遠する傾向がある。実際、花見の席で先方の若中頭に挨拶をしていたテキヤの頭も、かなり気を遣って真剣だった。頭もヤクザを指していう。「ホンマもの」と。

襲名披露(襲名式)、縁組の盃をはじめとする盃事については、テキヤ自身のものと、テキヤが助《すけ》っ人《と》に呼ばれる場合の解説をする必要がある。前者はテキヤの代目披露や兄弟盃等の儀式である。後者は、テキヤがヤクザに依頼されて媒酌人を務める盃事である。テキヤ自体も、盃事は稼業上欠かすことはできないが、ヤクザは尚更である。作法に則《のっと》って盛大にやるのが襲名披露であり、当代の親分から次の親分候補に代を授受する跡目公式発表の式である。

こうした神事は、古式に則って行われるが、格式張っているから作法通りにできる人間が、そんじょそこらには居ない。そこで、テキヤの出番である。テキヤは寺社仏閣に馴染《なじ》みがあり、そうした修業が行き届いているから、ヤクザの盃事があると、媒酌人として白羽の矢が立てられる。もちろん、寺社仏閣を庭場とし、テキヤ社会の社交性の上に立って、諸披露の式を行ってきたテキヤからしたらお家芸であるし、先に紹介したエピソードのように、大なり小なり関係する相手ということもあり、作法に長《た》けた幹部が、若い助手を連れて媒酌人の任を果たす。

東京では、浅草の雷門《かみなりもん》を本拠地とする丁字家会《ちょうじやかい》が有名で、吉田五郎《よしだごろう》最高顧問は「平成の名媒酌人」と呼ばれ、六代目山口組《やまぐちぐみ》、五代目稲川会《いながわかい》、六代目松葉会《まつばかい》、四代目道仁会《どうじんかい》など大組織の媒酌を行っている。

いずれにせよ、テキヤとヤクザの関係とは、筆者が知る限り、ここに紹介した程度である。威勢のいい祭りの担い手は古今東西テキヤであった。テキヤは商売をしてナンボの稼業人であるし、雰囲気作りの達人である。シャブの売買やミカジメ料の徴収、キリトリ（債権回収）などで違法にシノいでいる訳ではない。テキヤ、すなわち「香具師は稼業人である。一個百円、二百円の商品を販売し生業となしている。いわゆる商いであり、商人である。稼いでいる人、稼業人である」（北園忠治『香具師はつらいよ』葦書房、一九九〇年、二五頁）。

テキヤを経験した筆者は、その経験に基づき、テキヤを暴力団のうちに数えることには納得ができない。日本の文化の一部である縁日を風化させないためにも、当局には「見て見ぬ

振り」の姿勢を、これからも踏襲して頂きたいものである。[注14]

注1　十日恵比須神社のHPによると、「『十日恵比須神社記録写』には『香椎から箱崎に参拝途中の潮先で、恵比須二対を拾い上げて、持ち帰って奉斎した』『毎年正月十日恵比須ととなえて、自身でお供えして拾い上げたところで御神酒をささげた。これが知られて次第に参拝する人が多くなって繁昌した』という意味のことが書かれています」とある。この神社の、正月大祭では毎年一月八日から一一日まで祭りが行われ、参拝者は商売繁盛を祈願する。露店もおよそ三〇〇軒が三寸を組み、バイを行う。

注2　「縞蛇や青大将のゾッとする奴を自分の首や肩に巻きつけて蛇薬の宣伝をやってる男。之は天然自然の強壮剤と云ふ御託宣である。

『之は電気で焼いて粉にしたもの、肺病、肋膜は覿面に根治、その他萬病に利くこと請け合ひ、こーれ此通り礼状の山……』

と此種商売の紋切型を列べて居るが、好奇心と暇との持主で黒山のやうな集団」（南博責任編集『近代庶民生活誌第七巻　生業』三一書房、一九八七年、一七六頁）。この記述にあるジメ師のように、テキヤは、商人であると同時に芸人的な技術を必要とするバイもある。

注3　このテイタ割り（場割り、ショバ割り）の重要性については、岩井弘融の記述が参考になる。「こと利害に関するものであるから、きわめて厳重である。まかり間違うと、それが闘争の因ともな

る。まず、その順序は、『ネタヅケ』の受付にはじまり、受付簿に氏名、販売品目、家名等を記載する。他方、その庭場を所管する総元締の親分一家の兄貴株の者が『出役』、『肩入れ』、『世話人』、通称『ヤキ』となり、それぞれの申込みを、ジメ何本（本→軒）、コロビ何本、コミセ何本と調べあげ、ある種の原則に基づいて場割りをする（地割では何枚と称するが、『一枚』は六尺と三尺）。終局の場所割りにゆくまでには、まず販売品目や関係をもとにして受付簿による現場での『下割り』をおこない、次いで三、四米の図面上に縮図と番号順の場所を明示する『平板付け』をおこなう。終局的には、店をツケル側と世話人側とが現場で立合い、番号を読み上げながら、場所を渡す……ところで右の原則とは、単的にいえば、平等と互恵であり、たとえば、コロビと三寸は交互に並べるとか、同種の商品を売る者同士を離しまたは統制するとか、大ジメは群衆を占有するから少し離れた場所とか、コミセはなるべく神殿の近くにおいてやるなどして、流れ作業的に客足を止めるようにする」など、非常に細かい配慮が必要となる（岩井弘融『病理集団の構造』誠信書房、一九六三年、一〇七頁）。

注4　「稼ぎ込み」とは、親分からネタ（商品）を渡されて商売する期間をいう。その売り上げを中抜きせずに、そのまま親分に差し出さなくてはならない。住居をあてがわれ、一家の飯を食っているのだから、年季奉公のような塩梅である。筆者がテキヤ時代（二〇一一年）に見聞きした範囲であるが、稼ぎ込み期間中の若者は、衣食住は親分持ちで、月に三万円程度の小遣いが貰えた。本書中で紹介する大和氏も、稼ぎ込み期間中は三万円しか貰えていないので、今も昔もあまり変わっていない。

注5 筆者の世話になったテキヤでは、二〇一三年八月一五日一九時半頃に発生した「福知山花火大会露店爆発事故」以降、各露店に消火器を設置するようになった。
　この事故は、「ベビーカステラの露店近くでプロパンガスが爆発し、死者三名、負傷者五六名を出す惨事であった。原因は、給油用のガソリン缶が高温になっており、発電機給油時にガソリンが噴出し、それがベビーカステラ焼き機の火に引火したもの」という（「産経新聞オンライン」二〇一三年八月一九日）。

注6 テキヤには、大別するとコロビ師とサンズンがある。映画『男はつらいよ』の寅さんは、トランク一丁で全国どこでも神出鬼没な商売人だからコロビ師である。コロビ師は庭持ちではない。一方、サンズンの人たちというのは、庭場が神社であれば参道に店を付ける。参道や境内は、小さな神社であれば地元の人が優先。大きな神社でも、コロビ師は神社の表やガリショバ（あまり良くない場所）につけられていた。

注7 保健所の規制はかなり詳細である。以下、東京都の「移動型臨時営業の概要と手続の流れ」を紹介する。

〈営業できる行事〉
一時的に催され、不特定多数の者が自由に参加できる、次のような行事で営業できます。
ただし、専ら物品販売や興行など、営利を主目的とする行事は除きます。

〈営業できる場所〉
営業できる行事の開催場所の範囲内に限ります。
ア　神社・仏閣の縁日・祭礼、イ　住民祭、ウ　産業祭、エ　花火大会、オ　盆踊り、カ　花見、キ　歩行者天国、ク　彼岸会

【取扱食品】

取扱うことのできる食品は以下の要件を満たし、かつ、表に掲げる食品1品目に限られます。
※飲食店営業（臨時）では、喫茶類1品目（ところてん及びかき氷を除く。）又は酒類1品目と、他の1品目とを併せて提供することができます。
1．生もの（さしみ、生卵、生肉等）、生クリームを取り扱うことはできません。
2．原材料の細切等の仕込み行為をその場で行うことはできません。
仕込みの必要な原材料を使用する場合には、あらかじめ営業許可を受けた施設等で仕込みを行い、必要に応じて使用（調理）直前まで十分に冷蔵しておきます。
3．かき氷には飲用氷を使用し、削氷を行う際は、手指やほこり等で汚染されない構造の機械を用い、盛り付けは衛生的な器具を用います。
4．その場での製造、加工及び調理に多量の水の使用を必要とするものを取り扱うことはできません。
5．ところてん、かき氷、清涼飲料水及び酒類を除き、客への提供直前に加熱処理が行えるもの

以外は取扱うことはできません。

【取扱品目】

1．飲食店営業（臨時）

煮物類：おでん、煮込み、豚汁、けんちん汁

焼物類：焼きとり、焼き貝、いか焼き、焼きさつま揚、焼きぎょうざ、焼魚

お好み焼類：たこ焼き、お好み焼、タコス

茹物・蒸し物類：じゃがバター、蒸しぎょうざ、蒸ししゅうまい

めん類：焼きそば、即席カップ麺

揚物類：串かつ、フライドチキン、フライドポテト

喫茶類：ところてん、かき氷、清涼飲料水、甘酒、しるこ、コーヒー、紅茶

ドッグ類：ソーセージ類をそのまま、もしくは衣をつけて焼くか油で揚げたもの、ホットドッグ類

酒類：日本酒、ビール、焼酎等

2．菓子製造業（臨時）

焼菓子類：今川焼き、クレープ、ベビーカステラ、五兵衛餅、焼き餅

揚菓子類：ドーナッツ、大学芋

団子菓子類：草団子、焼き団子
まんじゅう類：焼きまんじゅう、蒸しまんじゅう
あめ菓子類：べっこう飴、果実飴、カルメ焼
その他：果実チョコ（果実にチョコレートをからめたもの）
（東京都福祉保健局ＨＰ「食品衛生の窓」より一部）

注8　テキヤは自らを神農と名乗るとともに、神農を崇める。テキヤの業界を神農会と呼ぶ。この神農とは「古代中国の伝説的な人とも神ともつかない存在で、『淮南子』などに出てくる。頭に角がある姿で描かれる。テキヤの間では、良薬になる植物を発見するために自らの命の危険を冒して、さまざまな植物を毒見した神とされている。現在でもテキヤの一部が神農を崇めるのは、彼らの系譜につながる古い時代のテキヤが薬草を商っていた名残とされている……テキヤはしばしば『神農道（しんのうどう）』という言葉を口にする。『神農道』とは神農のイメージを損なわないような生き方のことで、代目披露など彼らの社会での社会的地位の上昇を披露する儀礼では、『神農道に邁進する』という表現で決意が表明される。神農道に違わぬ態度とは、具体的には愚直なまでの勤勉さや、弱きを助け強きをくじく正義感あふれる態度をいうようである」（厚香苗『テキヤ稼業のフォークロア』青弓社、二〇一二年、二九頁）。

注9　テキヤ稼業経験者である北園忠治は、自著の中で、警察官による場所割りの弊害について以下のように述べている。「全国随所で散見するような、祭礼時の露店の場所割り（小間割り）が、餅は

餅屋の諺に逆らい、餅屋でない素人の警察官の手によってなされ、祭りはさびれ、出店者は時間のロスや諸経費の高騰、売り上げの低下、その他諸々の弊害を被り、その損失は甚大なものとなる」（北園忠治『香具師はつらいよ』葦書房、一九九〇年、二〇頁）。

注10 たとえば、このヒネ割りにつき、會津家本家六代目の坂田春夫氏の回想には次のようにある。

「祭りのショバ割でも、警察がやるから、おまえさんたちの手を借りなくてもできるよと、こうきたんです。

それで、実際にやることにしました。何年か前に、花園神社で、今年は警察でやるから、申し込み順に抽選をして、その番号が当たった所へ店を付けろということになったんです……マルボウの奴に、これやって、もしたこ焼き、たこ焼き、たこ焼き、たこ焼きって並んだらどうするんだと、そうなった場合は、こっちへ移すとか何とかっていったから、そういうことをあんたたちできるのかって。電気引くのは誰が引いてくれるのか。ゴミは警察で片づけてくれるのか。ゴミ銭というのは必ず一軒いくらってもらってますよ、全部終わったときに、そこの地元の世話人の若い衆連中が全部、朝までにきれいにして、お宮に塵一つ残さないで返すようにしてるんだよ、警察で全部やってくれますかっていったんです。できるわけがないんです。

それで、マルボウが暴対課と話して、『じゃ、今年は例年通りに』ってんで、その主張は撤回されたことがあるんです」（坂田春夫＝塩野米松『啖呵こそ、わが稼業』新潮社、二〇〇三年、二四四～二四五頁）。

注11 赤字破門や絶縁は、ヤクザの社会では最も重い制裁。慣習的職業社会の懲戒免職に相当する。

黒字破門は復縁可能性があるが、赤字破門と絶縁については、復縁の可能性は無い。

注12　一家を形成する理由につき、添田知道は次のように述べている。テキヤが「『行衛出所不定』の者は仲間とせず、が、第一義となったのは、掟の上での当然だった。なにぶんその業態が移動を主としているのだから、行衛と出所が不明であるのが目に見えるところのかたちである。これを、不明でなくするところに、仲間の緊密性が欠かされないものになる。移動はしても、その本来の住居（本拠）はもってもいれば、またもたなければならないものでもある。それをまだ持ち得ない若い者は、親分をもつことで、その資格を得ることになる。

ここに親分・子分の関係が生じ、一家が形成される」（添田知道『てきや（香具師）の生活』雄山閣、一九六四年、一一七頁）。

注13　このダチに関して、添田知道は次のように解説する。「『ともだちは五本の指』――これが、てきや仲間の合言葉になっている。相互扶助の精神である。指は五本そろってはじめて健全、このうちのどれが欠けても、ぐあいがわるい。その五本の指のように、ならび合い、むすび合っていこうということだ。

その仲間をうらぎるようなことがあった場合、指をつめるという、仲間うちの不文のならわしがあったのは、シンボリカルである」（添田知道『てきや（香具師）の生活』雄山閣、一九六四年、一一八頁）。

注14　前出の坂田春夫によれば、テキヤに対する当局の風当たりの強さに関して、関東の警察の主張は次のようなものであるという。「おまえさんたちは専業露天商人なら個人個人でいいはずだと。そ

れが何か団体を組んでるということは個人の儲けのなかから親分がいくらかのカスリを取ってるんだろうという話になるわけです。月々の会費や上納金を取って、営業させておいて、そこからまたピンハネしているんだろうという考え方なんです。だから、個人個人になればいいじゃないか、一人ひとりならば、お祭りにいこうが何しようがうちのほうは許可証はいつでもやるというんです」

(坂田春夫＝塩野米松『啖呵こそ、わが稼業』新潮社、二〇〇三年、二四四頁)。

第一部　テキヤの世界

第一章　テキヤ稼業の実態——元世話人の回想

由緒あるテキヤ組織の事務局長

大和氏とは、Facebookのメッセンジャーで出会った。彼は、関東で由緒あるテキヤ組織の事務局長を務めていた人物である。以前より筆者の著作やウェブ記事の愛読者であったそうで、興味を示してくれていたという。

彼からの接触は、二〇二一年三月一九日二〇時。筆者に相談がしたいということだった。

「四年前にテキヤを辞めて自営業（建設業）に専念し、細々と経営してきたが、二〇二一年一月二二日、居住地域の自治体から呼び出しがあり、元暴で、五年を経過していないことを理由に、同年二月三日付で、建設業の許認可を取り消された。

私はテキヤだから暴力団とは思っていない。違法なシノギをしてきた訳ではない。それどころか、行政等の指示に従い、社会保障も納税も真面目にやってきた。ましてやテキヤ時代も純粋に商売してきた。非合法な手段でシノギをしてきた事など一度もない。警察や行政の誤解を解きたい。社員やその家族も守りたい。今後、どう対応していけばよいか」

一刻も早く本人と会って詳細を聞きたいとの思いはあったものの、新型コロナウイルスの影響で上京することもできず、月に二〜三回のメッセンジャーでのやり取りや電話による会話を重ねた。ようやく、二〇二一年一二月四日一三時から一七時三〇分の間、大和氏の自宅を訪問して、面談するに至った。

大和氏は身長一七〇センチくらいで、ガッシリとした体型。頭を坊主にしているから、一見入道のように見えるが、眉《まゆ》は太く、目は優しい。声は、テキヤのタンカ売で鍛えたのかも知れないが、バリトンの良く通る江戸弁である。実際、その筋の盃事《さかずきごと》を執り行う「媒酌人」も経験しており、彼が所蔵する記録ビデオで見る大和氏は、由緒あるテキヤ組織の大幹部としての風格があった。

大和氏とその家族、社員は「元暴＝離脱して五年以内」だから反社会的勢力等であるという、いわれなきバッシングのために振り回され、一瞬にして生活の基盤と、永年苦労して積み上げてきた社会的信用を失った。

最も辛《つら》かったのは、二〇二一年初夏に奥様が鬼籍に入られたことであろう。ひとまわり年上であるアネさん女房の姐《ねえ》さんとは、テキヤ時代に知り合い、三寸を並べてバイ（商売）をしてきた。生活も共にし、人生の苦楽を分かち合ってきた、いわば「戦友」ともいえる存在であった。その奥様ががんで他界されたことは、大和氏の人生に埋めることのできない大きな穴を空けたことだろう。心中察するに余りある。実際、悲しみに沈んでいたとき「看病も介護も十分やったし、思い描いた人生とまでは言えないかも知れないが、なかなか悪い人生でもなかった。早く（奥様の）側に行きたい」と遠くを見つめるようなまなざしで口にしたことがある。

家には、奥様の写真が各所に置かれている。氏の愛用する帽子も、奥様の愛用品であったという。筆者が出会った時、大和氏は、最愛の家族と会社を失った二〇二一年という悪夢の一年を、必死で乗り切ろうと孤軍奮闘していた。

大和氏と対話を重ねた筆者は、彼がその道のプロであると考えた。折に触れ、テキヤの稼業について質問を重ねていたものの、電話やメッセンジャーの文字で、テキヤの文化や歴史を精緻《せいち》に尋ねることは難しい。何よりテキヤは祭りという場、縁日の空間をプロデュースする専門家であるから、やはり面談でなくては、情報が平面的で精彩を欠く。そこで二〇二一年一二月四日から、この原稿を書き上げる二〇二二年六月三〇日までの期間、彼とは、七回の面談、四回の電話による補足質問、書簡によるやり取りを行った。

なお、筆者の関心は、そもそも「なぜテキヤという仕事を選び、その仕事を数十年もの間、続けてきたのか」だ。

大和氏は一九六〇年代前半、東京都足立《あだち》区西新井《にしあらい》に生まれる。祖父が、家庭用ブランコや滑り台などの遊具を製造する会社を経営しており、父親が後を継いで社長になった。経営者の子として生まれたため、比較的裕福な家庭で育ったという。以下、子ども時代からテキヤ組織の最高幹部になるまでの半生を、大和氏自身に語ってもらうことにする。

恵まれていた少年時代

少年時代は、人並みの生活は送れていました。祖父が「世界スイング」という、遊具作りの会社を経営していた関係で、社屋もあり、千葉県の富津《ふっつ》市という場所には会社の別荘もありました。私は当時小さかったから記憶が断片的ですが、会社の商品パンフレットのモデルとして写真が載ったことを覚えています。

家族関係は一般的で、両親と私、妹の四人暮らし。父親が会社を経営していましたが、西新井大師の裏手で、３ＬＤＫほどの借家暮らしでした。私が小学生の頃まで、母親は専業主婦でしたが、一九七三年頃から、西新井駅前にあった山三證券（仮名）に働きに出るようになりました。今思うと、父の会社の経営が思わしくなかったのかも知れません。母方の祖母も家事を手伝いに、泊まりがけで頻繁に来てくれましたね。

家族で、特に決まったイベントはありませんでしたが、夏休みには千葉の別荘（会社所有）に三泊四日で泊まりに行くのは恒例でした。あと、湯河原《ゆがわら》（神奈川県足柄下郡《あしがらしも》）の親戚《しんせき》の家に家族で遊びに行き、海やプールに入ったり、山で昆虫を捕ったりして遊びました。

学校にはちゃんと行っていました。別に可もなく不可もなくといった学校生活で、成績は中くらいでしたかね。当時私は、いわゆる肥満児で、体育とかが得意だったわけではありません。ただ、目立ちたがり屋と言われた事はあります。当時の小学校は一学年六クラス位の規模ですからやたら児童数が多い。だから、そうそう簡単には目立てませんが、低学年の時、学校の遠足で上野《うえの》動物園に行き、絵を描かされました。その時、アシカの絵を描いて入賞した位ですか。

肥満児ですから運動は苦手です。でもね、小学校五年生の時、担任が替わり、羽黒《はぐろ》（仮名）先生と出会ってから運動に熱心に取り組むようになりました。例えば陸上部に入って、走り高跳びとかやりましたね。おかげで肥満が解消され、スポーツの面白さに目覚めました。

その頃にちょうど長嶋茂雄《ながしましげお》の引退試合を見たりして、野球に興味を持ち始めました。自分も将来、長嶋茂雄みたくなりたいと、憧《あこが》れを抱きましたね。当時は素振りをしたり、壁に向かってボールを投げたり、中学に上がったら野球部に入りたいなどと、考えるようになったのです。

あと、小学生の頃は、カブスカウト（ボーイスカウトの幼年部門）にも入ってました。近所の友達も何人か入っていたので、半ば無理やり入れられた感じでした。でも、春には毎年伊《い》豆《ず》大島《おおしま》にキャンプへ行ったり、東武《とうぶ》線沿線の姫宮《ひめみや》駅から降り、広場を借りてキャンプを設営したこともありましたから、まあ、楽しかったです。その後、ボーイスカウトにも上がりましたが、野球に熱中していたため、自然に足が向かなくなりましたね。

私は勉強では理数系は苦手で、どちらかと言うと国語や歴史、いわゆる文系の方が好きでした。テキヤの頃にその歴史を自分なりに調べたりしましたが、小学校の頃からの歴史好きが幸いしたのでしょう。

そうそう、小学校の時は、月に一度開かれる西新井大師[注1]の縁日（毎月二一日）[注2]に行って、露店を見るのが楽しみでした。三寸（露店商の屋台）も結構出ていましたし、ボクヤ（植木屋）などもバイしてましたから、その縁日は賑《にぎ》わっていたことを覚えています。この時はまさか将来、テキヤを自分が生業《なりわい》にするなんて思ってもいませんでした。少ないお小遣いで、お好み焼きを買って食べたこともあります。初めて買ったお好み焼きは、おいしかったことを覚えています。その後の縁日、しかも同じ場所で買ったお好み焼きは、比べものにならない位まずかった。売る人が変わったり、粉やソースが変わると味も変わるんですね。

野球と永ちゃんと中学時代

中学校に入り、長嶋茂雄を目指して、野球部に入りました。野球も一生懸命やっていましたが、もう一つ好きだったものがあります。キャロルと矢沢永吉《やざわえいきち》です。当時、「ぎんざNOW!」という、せんだみつおが司会をしていた番組がありました。そこに、時々キャロルが出演していたのです。フォークソング全盛時代に、リーゼントに革ジャンでロックンロールを奏でる、異色のグループでした。「ファンキー・モンキー・ベイビー」「ヘイ・タクシー」「涙のテディ・ボーイ」。強烈なインパクトでした。キャロルの曲も今でも時々聴いてますね。

野球部時代の成績ですが、中学三年生の時は、足立区で優勝し、都大会にも出ました。ただし、上には上がいて、慶應義塾中等部に一回戦で敗退しました。でも、この経験は、甲子《こうし》園《えん》を目指す自信になりましたね。

私の通っていた中学校は、西新井中学校と言いまして、まぁそれなりに生徒数も多かったんじゃないでしょうかね。一学年七クラスありましたから。

私が中学二年生の時、渡部瞬一《わたべしゅんいち》（仮名）と言う男が京北《けいほく》中学校（文京《ぶんきょう》区）から転校してきました。私が生活委員をしていたこともあり、担任の先生から「おい、転校生の面倒を見てやってくれ」と言われ、彼と遊ぶようになったのです。

私の家は、その頃父の経営する会社が傾いていたのでしょう。なかなかお小遣いももらえず、レコードも買えませんでした。渡部の家は、そこそこ裕福だったのでしょう。キャロル、矢沢永吉、クールスなど、レコードのコレクションが結構ありました。だから、彼の家に遊びに行き、よくレコードを聴かせてもらいました。その頃からですかね、遊びでも渡部とつるむようになったのは。

でも、野球が一番でしたから、彼と毎日遊んでいたわけではありませんでした。どちらかというと、中学を卒業してからの方が近くなりましたね。

この頃から、我が家にも不幸が重なることが多くなりました。昭和五〇年、父方の祖母が他界。昭和五二年、父方の祖父も他界。その頃、父の経営していた会社も倒産の憂目にあいます。その後、父も昭和五四年に他界するわけですが。

数学教師をぶん殴って高校中退する

高校は憧れの甲子園を目指し、帝京高校に進学しました。野球がやりたくて、早稲田実業や法政二高等を受験しましたが、ことごとく失敗。到底私の学力ではその辺は厳しかったと思います。担任からは江戸川学園取手《とりで》高校という新設校を受験してみたらどうだ、と言われ受験しました。結果はかなり良かったようです。ですが、甲子園に出られるようなメジャーな高校を目指し、最終的に帝京高校に合格したもんですから、そこへ入学することになりました。

帝京高校は今もスポーツが盛んな学校でしょうけれども、当時も野球部員が三〇〇人からいて、実力があろうがなかろうが、チャンスが巡ってこないんですよ。多少チャンスがあるのは、ＯＢの推薦や特待生程度で、毎日が先輩部員の雑用ばかり。担任の言う通り、江戸川学園に進学していた方が、後の野球人生も変わっていたかもしれませんでしたね。

帝京高校ではチャンスにも恵まれず、甲子園に行く、プロ野球に入って長嶋茂雄のようなスターになりたいという夢は早々に挫折《ざせつ》しました。

昭和五四年二月に父が四四歳の若さで、肝硬変で他界します。父が亡くなった後、西新井から同じ足立区の六町《ろくちょう》という場所に転居しました。

その後、私も十二指腸潰瘍《かいよう》で吐血下血をし、梅島《うめじま》にあった佐々木病院というところに運ばれ、入院生活を余儀なくされたこともあります。その辺からですかね、変わった環境にも馴《な》染《じ》めず、学校も面白くなくなり、家にもいづらくなり、渡部とつるんで、遊ぶ機会が多くなりました。高校二年に上がったばかりの頃でしたか、とうとう高校の数学教師を殴り退学。

そこまでくると、坂を転がり落ちるように、不良の道へ傾倒していきました。

楽しいこともありました。夏、自分で新聞のチラシを見て、アルバイトを見つけて、綾瀬《あやせ》にあった「佐藤運輸」（仮名）というところで配送の助手をやりました。トラックの助手席に乗り、定期ルートで首都圏、特に横浜《よこはま》あたりを回るんですね。少ないお小遣いで洋服を買い、休憩時間はもの珍しくあちこち散策したこともあります。約一か月だけだったけど、楽しい思い出でした。

父親が車好きだった記憶があります。日産のスカイラインに乗っていました。ケンメリ、ハコスカのGT-R。亡くなった時はジャパンでしたね。バイトして、お金を貯めて、いつか父親のようにスカイラインに乗りたい、なんてささやかな夢を描いた時だったのかもしれません。

将来トラックを転がすのも悪くないかな、など漠然と考えたりもしました。そこへ、例の渡部が現れるんですね。「俺にもバイトさせてくれ」と言うもんで、紹介したら雇われました。しかし、二、三日でケツをわって来なくなりましたね。

渡部は、この頃から大人になるまでずっとそうでしたが、人からものやお金を借りていっても、返した例《ためし》がないんですね。例えば横浜で買った夏物のレースのジャケット。「デートに着ていきたいから一日だけ借して」と。ところが貸してもいつまでたっても何の音沙汰《おとさた》もなし。以降、本やレコード、革のスーツなど貸したものは数知れず。お金も何度となく騙《だま》されましたね。一度くらい助けてもらったこともありましたが、奴が死ぬまで助けっぱなしだった気がします。

その渡部も、後年、ヤクザの道に進んだけど長続きしませんでした。カタギになってからは、防水屋をやったり、デリヘルを経営したり、一時は家庭も持って良いときもあったようですが、シャブから抜け出せなかったのか、二〇一六年六月、自分で首を吊《つ》ってこの世を去りました。

暴走族のシノギはパー券とアンパンの販売

例の渡部が、当時「極悪」という暴走族に所属していました。梅島に新たに「極悪」の支部を立ち上げるという話がありまして、「一緒に参加しないか」と誘われました。その時知り合ったのは、石田雪雄《いしだゆきお》（仮名）、渡部の従兄弟《いとこ》である篠塚亮一《しのづかりょういち》（仮名）などです。石田は当時、杉田（仮名）と名乗っていました。暴走族を卒業してからも、この石田とは後にひょんな事から再会するわけですが。とりあえず、この話は後でゆっくり説明します。

昭和五三年項でした。都内外には多くの暴走族が群雄割拠していました。有名なグループは「極悪」の他、「ブラックエンペラー」「キラー連合」「鏖《みなごろし》」「CRS連合」（アーリーキャッツ・ルート20カークラブ・スペクター）「一寸法師」「横浜ピエロ」「ZERO」などですね。

私のいた「極悪」というチームは、昭和四八年頃、国士舘高校のOBが中心になって作られたそうです。築地《つきじ》、月島《つきしま》が発祥の地だと言われています。北千住《きたせんじゅ》、板橋《いたばし》、三ノ輪《みのわ》、千駄木《せんだぎ》、五反野《ごたんの》、町屋《まちや》、西新井と、どんどん勢力を拡大していきました。「硬派」「アンパンやシャブは御法度」「暴走族を潰《つぶ》すために存在する」みたいなことを謳《うた》い文句にしていました。

そういう先輩もいたにはいたけど、シンナー中毒やポン中（覚せい剤中毒）、軟派野郎も多かったですね。その反面、若くして侠道《きょうどう》に身を投じ、現在も男を磨きながら第一線で活躍している人たちがいるのも事実です。

シノギはパー券（パーティー券）が多かったかな。ディスコやスナックを二時間くらい借り切って、客を集めて飲んだり、踊ったり。それを先輩が後輩に無理やりさばかせる。差額が懐に入る仕組みです。「オバケ」もたくさんありました。パー券買って店に行ったら、開催されていない。一種の詐欺ですね。オバケ専門の先輩もいました。分かっていても、先輩には逆らえないんです。パー券さばいて新車を買ったヤツもいました。後輩から恨まれて、買ったばかりの新車を傷だらけにされて、怒り狂って犯人捜しをしてたのが、滑稽《こっけい》でした。

あとはアンパン（シンナー）。塗装屋の倉庫からトルエンを盗んで、オロナミンCのビンに移し替える。通称Cビンってヤツです。一本二〇〇〇円とかで売ってました。

最初の逮捕は保護観察処分だった

暴走族の集会に参加してみたものの、特に感動というものはありませんでした。当時、『暴走族100人の疾走』などの証言集や、『止められるか俺たちを』のような写真集をマスコミが取り上げていましたから、そこに登場する地元の先輩たちに対して、ちょっとした憧れみたいのはあったのかもしれません。

高校を中退する少し前でしたかね。特攻服も作りました。背中に「敬神愛国」などデカデカと刺繍《ししゅう》を入れました。東十条《ひがしじゅうじょう》にそういった特攻服などを作製する店がありました。一着当時二万円位でしたかね。そのお金どうしたかって。金なんてありませんから、もちろんその辺の坊やから、カツアゲですね。

毎週土曜日の夜、千住新橋《せんじゅしんばし》の下や、扇大橋《おうぎおおはし》の河川敷、環七沿いのラーメン屋の駐車場等に集まったりして、集会を開いていました。バイクなんかありませんから、先輩のバイクに三ケツで乗せてもらったり、「歩き部隊」と言って木刀背負って、街の不良狩りをやったりしていました。その後、バイクはすぐ調達できました。街の見知らぬ不良達からその都度ちょっと拝借するんですね。ガソリンが切れたらその辺に放置してお返ししました。バイクや車を連ねて新宿《しんじゅく》、池袋《いけぶくろ》、王子《おうじ》あたりを流しました。いつもサツと追いかけっこでした。そのうち、草加《そうか》や松戸《まつど》、三郷《みさと》方面にも遠征しました。松戸では水戸《みと》街道にたむろして、「暴走族狩り」などやってましたよ。三郷では敵対する暴走族を追い込み、逃げるバイクや車を追いこんで捕まえ、燃やしたりして、やんちゃしてました。

そんなことが、長く続くわけがありません。ある日の早朝、自宅で寝ていると、松戸警察署の警察官に取り囲まれ、傷害・暴力行為で「おはよう逮捕」を経験しました。千葉少年鑑別所に送られました。その後、居住地域が東京都なので、東京少年鑑別所（通称ネリカン）に移送されました。

千葉少年鑑別所では、三郷で燃やした車の持ち主が隣の房に入っていました。房が違うのでさすがに喧嘩《けんか》にはなりませんでしたが、怒鳴り合ってお互い独房に入れられましたね。ビックリしたのは食事です。千葉では大根の葉っぱの味噌汁《みそしる》に、刻んだお新香がのったバクシャリ（麦飯）でした。ところが、ネリカンでは移送されたその日に、ハンバーグにスパゲティーといった、まるで違う食事でした。鑑別所でも地域によってこんなに差があるものかと笑えました。

その後、保護観察処分でシャバに戻り、御徒町《おかちまち》にあった「シャネル」（仮名）という喫茶店でバイトをはじめました。高島英重《たかしまひでしげ》（仮名）という先輩と知り合い、その先輩がよく面倒をみてくれました。渡部の従兄弟の篠塚亮一やアケミという女の子を誘い、三人で矢沢永吉の三〇歳でのコンサートを観に、ナゴヤ球場にも行きました。篠塚の車で行きました。ガソリン代も高速代もありません。下道をひたすら走り、ガソリンは途中の月極駐車場を巡り、もんじゃで使うコテでタンクを開け、ホースを使って拝借しました。何度かガソリンを誤って飲んだこともありました。

チケットなんてありませんから、地元の坊やを捕まえて「チケット三枚買ってこい。逃げないように免許証預かる」なんて無茶なお願いしましたね。

当時「時間よ止まれ」や自叙伝『成りあがり』のヒットで第一次矢沢ブームでしたから、首都圏近郊からも、いろんな暴走族が来てました。敵対する暴走族と遭遇し「今日は永ちゃんを観にきたから勘弁してやる。東京帰ったらまた喧嘩な」なんて突っ張ったこと吐いてましたよ。この時のコンサートが、後に「RUN＆RUN」という映画になりました。

御徒町の喫茶店「シャネル」の先輩、高島が「シャネル」のマネージャーと意見が対立したことが原因で辞めてしまい、私も後を追うように辞めました。

高校にも戻らなきゃ、なんて気持ちもあり、ボーイスカウト時代にお世話になった寿史郎《ことぶきしろう》（仮名）さんに勉強を教えてもらったり、力を借りて、定時制高校を受験し合格。入学したものの、初日にタバコで無期停学。停学中に先の「おはよう逮捕」で退学。結局、定時制高校には出席ゼロ。寿さんには、三下り半を突きつけられました。

心配した周囲の人たちがいくつか仕事を世話してくれたけど、長続きせず。迷惑掛けまくりましたね。今ではその当時の人たちを思い、懺悔《ざんげ》していますが、後悔先に立たずってこういうことですね。

地元ヤクザにも二度ほどさらわれました。目障りなガキだったんでしょう。「ウチで修業して男を磨いてみろ」と誘われたこともありました。その時は、将来のことなど考えているわけでもありませんでしたから、今が楽しかったらよかったたって感じでしたね。

その頃からですかね、シャブを覚えたのも。綾瀬の団地に加藤という先輩がいました。この人がシャブの小売みたいなことをやってました。もちろん使用も。先の渡部の他、何人もの仲間がこの人の影響でポン中になっていきました。幸い私は中毒にもならず済みましたが、その後、薬から抜け出せず、苦しんだ人を少なからず見てきました。皆、末路は悲惨でした。

お次は試験観察

ある日、この加藤先輩と歩いていたら、スペクターのステッカーを貼った車が停車していました。やがて二人の男が車に戻ってくるのを待ち構え、「おまえらスペクターか？」と聞くと「違います。知り合いからもらっただけです」と答えたので「この辺でいきがって歩くんじゃねえぞ」と言ったら「すみません。勘弁してください」と。加藤先輩が車のキーを取り上げて、草むらに投げ捨て、二人でその場を立ち去りました。

それから二週間位経過しましたかね。日曜日の昼間、一人の警察官が「暴走族のことで聞きたいことがある。教えて欲しい」と尋ねてきました。「いいよ」と答え、警察官は「ここじゃなんだから、車で話を聞かせてほしい」と言ってきたので、車に同行しました。すると車は走り出し、「どこへ行くんだ」と言うと彼は「ゆっくり話せる場所だよ」と答え、着いた先は綾瀬警察署の裏門でした。

警察官は車を停車させるなり、「傷害容疑で逮捕する」と逮捕状を広げて見せてきました。尤《もっと》も一瞬の出来事だったので何が書いてあるかわかりませんでした。身に覚えがない容疑だったので聞くと、綾瀬でのことらしい。しかも鍵《かぎ》を放り投げたことなので、窃盗罪ならともかく、傷害・暴力行為とはおかしな逮捕状でした。それにしても、暴走族のステッカーを貼っていたような奴らが警察に被害届を出すなんて思ってもいませんでした。これがいわゆる「日曜逮捕」です。

この時、警察は平気で嘘をつくんだ、ということを知りました。この逮捕前にも西新井警察署から「特攻服を見せて欲しい」と呼び出され、持って行くと「任意提出」という名目で取り上げられ、「ウチで焼却処分する」などとサツに騙されたこともありました。後の私の人生でも警察の対応に苦労することになります。

「極悪」には、一八歳になると足を洗ってカタギになるか、ヤクザの道に進むか、といった暗黙のルールみたいなものがありましたが、この逮捕で、私の暴走族時代は自然消滅となりました。

この逮捕劇で再び、再度東京少年鑑別所へ逆戻りすることになります。そして少年院送致にはならなかったものの、試験観察という審判が下り、自宅には戻れず、中野《なかの》区の江原町《えはらちょう》にあった「敬和園《けいわえん》」という保護施設に入所することになります。いわゆる、保護団というヤツです。

少年保護施設で暮らす

「敬和園」は三波春夫《みなみはるお》の家の並びにありました。そこで何人かの入居者と生活を共にしつつ仕事を探し、仕事に通うことになります。

「敬和園」での暮らしは、意外に楽しいものでした。二人いた先生たちはいい人で、ギターでフォークソングを弾き、皆で歌ったり、賄いのおばさんもいい人で、食事も美味《おい》しかったと記憶しています。ここの出身者のヤクザが遊びにきて、飲みに誘われたり。案外充実していました。

私はＪＲ引っ越しセンター（国鉄のＪＲとは別物、ジャパン・リムーバルの略称）という運送会社の引っ越しスタッフとして勤めはじめました。引っ越しの仕事は重労働だったけど、時折お客さんから心付けがいただけました。それが日々のお小遣いや昼飯代になりました。ただしお客さんの家具などを傷つけてしまうと、給料から弁償金を差し引かれてしまいます。取り扱いは慎重に行っていても、お客さんの機嫌が悪かったり、相性が悪かったりすると、言いがかりでクレームが入ったこともありました。

その仕事の中で、会社の先輩や仲間から麻雀《マージャン》や酒の席、ソープランド（当時はトルコ風呂《ぶろ》といわれていた）などへのお誘いもあり、遊びも覚えるようになりました。

「敬和園」にいた仲間に一歳か二歳上の堀田、一歳下に佐々木という男たちがいて、JR引っ越しセンターに誘い、一緒に働くようになりました。

ここで不幸な出来事が起こります。堀田が会社の軽トラックを無免許でありながら夜、勝手に乗り出し、佐々木を助手席に乗せドライブみたいな真似をしたそうです。堀田はカーブを曲がりきれず、電柱とガードレールに激突。堀田は軽傷で済みましたが、佐々木は全身を激しく強打して救急搬送されました。一報を聞き、駆けつけた時には佐々木は病院のＩＣＵで危篤状態でした。その後亡くなったわけですが、彼は「『敬和園』を出たら将来テキヤになりたい」と熱く夢を語っていたものです。

私は「テキヤなんかダサイじゃん。同じやるならヤクザのが、かっこいいんじゃないのか？」と言いましたが、彼は「いや、テキヤになりたいんです。絶対にテキヤになります」

と頑として譲りませんでした。

佐々木の母親も病院に駆けつけ、亡くなった後、涙をこらえながら私たちに「お世話になりました。ありがとうございました。短い人生だったけど、この子は皆さんに巡り会えてきっと満足だったと思います」と言われました。佐々木のお母さんに、テキヤになりたいって夢があったことを伝えました。不思議な縁で、この亡くなった佐々木の将来の夢を、まさか私が引き継いだかのようにテキヤの道に入るなんて、この時は思いもよりませんでした。事故の当事者の堀田が、その後どうなったかは知る由もありません。

それから間もなく「敬和園」の閉鎖が決まり（現在は更生保護法人東京都更生保護協会「敬和園」として再開している）、仕方なく中野サンプラザの裏手に、四畳半一間、トイレ、水道共用、風呂無しの部屋を借り、移ることになります。

引っ越しの仕事は楽しかったのですが、会社の労使交渉、いわゆる待遇改善をかけて労働組合が組織されるようになり、その対立の渦中に皆、意味もわからず巻き込まれ、私も段々と仕事を干されるようになり、辞めざるを得なくなりました。

今田さん、清水さん、久保さん、杉野君、友野君、今野さん、上島さん等々、懐かしいですね。正直、もっとあそこで働きたかった気持ちはありましたね。

シャブの縁がテキヤへの道

ここで先ほどでた、暴走族時代の友人、石田が登場します。暴走族時代、石田と渡部、もう一人深作（仮名）というのがいました。この三人は私が綾瀬署に逮捕されたあと、暴走族を引退し、浅草にあった「岩元会」（仮名。現在は解散）に世話になっていたそうです。亀戸《かめいど》にあった若い衆部屋に部屋住みをしていたそうですが、早々にケツを割ったとか。石田には中野に女がいたと聞いていました。そこに転がり込んでいたのでしょう。何と、私より先にJR引っ越しセンターで働き、私と入れ替わるように辞めていたそうです。懐かしさもあり、営業所の事務の人に連絡先を聞き、公衆電話から連絡をしました。その後、私のアパートで再会し、何度か遊びにくるようになりました。結果的に、彼との再会がその後の人生を左右しましたね。

石田も女と別れたのか、頻繁に私のアパートへくるようになりました。ある時「シャブやりてーな。俺、近いうちに浅草行って、ネタ引いてくるよ」と突然言い出しました。「浅草にツテでもあるのか」と聞くと「そんなもんネーよ。行けば何とかなるよ」と。

それから数日後、石田は手ぶらで帰って来て、こう言います。「浅草で小澤（仮名）って人と会った。なかなかの男だと感じた。埼玉に小澤さんの兄貴分がいて、若い者を欲しがってるって。『俺の顔を立てて、一度会ってみてくれ』と言われた。一緒に行ってみないか。

行ってみて合わなかったらケツ割ればいいんだから」。この石田と小澤氏（後に私の兄貴分となる）との出会いが、その後の私の人生を変えたと言っても過言ではありませんでした。

一週間を待たずして、二人で浅草へ行き、小澤氏を訪ねたその夜、埼玉の宇山商事（仮名）に連れていかれ、そのまま宇山親分の部屋住み若い衆になりました。あまりにも急なことで、当然、中野の部屋を引き払うこともできず放置。後で聞いた話ですが、大家が「失踪《しっそう》した」と思い、私の母親に連絡。母親と妹がケツを拭《ふ》いてくれたそうです。

後年、妹から「兄貴のせいで、私たち家族は足立区に住めなくなったんだからね」と言われたのには驚きました。理由は、度々、警察がパトカーで家にきたことと、私が、そのパトカーで連行されたことでした。

部屋住みは、親分の理不尽にひたすら辛抱

私が部屋住みに入った宇山商事は「表の顔」。東和内山建設《とうわうちやま》（仮名）などの下請けで、いわゆる「人夫出し」を生業にしていました。この宇山商事は表の顔で、裏の顔は関東神農連合会（当時）に属する神農組織・武州睦《ぶしゅうむつみ》（仮名）系の親分でした。武州睦は東京の下町に庭場を持つ老舗《しにせ》のテキヤです。この組織における序列は、簡単に言うと次のようになります。関東神農連合会（後に関東神農会と改称）が最上位、次に武州睦、宇山睦会《むつみかい》（仮名）と続きます。

そうはいっても、宇山の親父は、当時はそれほど熱心にバイをしていたわけではなく、「正月市」や「ほおずき市」[注3]などに植木を出店する程度でした。

親父にとって露店は小遣い程度で、メインのシノギは「人夫出し」。三〇人程度の人夫を抱え、長期契約者（月単位契約の労働者）は親分宅近くの平屋のアパートを数軒借り、一軒に三、四人ずつ住ませ、そこから通わせていました。短期契約者（一契約一五日の労働者）は、親分宅の敷地内にある二階建ての飯場の二階に集団で寝泊まりするタコ部屋に暮らしていました。

石田と私は親分宅から徒歩五分くらいのアパートの一室に住み、朝六時までに親分宅へ行き、土佐《とさ》犬の散歩から一日がスタートします。親分の趣味は多彩で、土佐犬、レース鳩、闘鶏用の軍鶏《シャモ》、池の鯉、盆栽用の植木などを主にやってました。

もちろん給料など出るわけもなく、「タバコ銭」という名目で月三万円頂いていました。

土佐犬は多いときでオスメス合わせて三八頭いました。オスは闘犬として、メスは繁殖が目的でした。オスの中で大会に出せる見込みのある犬を七～八頭ほどピックアップし、手分けして散歩させます。地元の川の土手沿いを四キロほど、一頭二〇分くらいかけて自転車で引っ張ります。気性の荒い犬は、子犬を見ただけで猛然と襲いかかろうとします。何度、自転車からコケさせられたことか。

散歩が終わると急いで庭の木々や盆栽に水やりをし、庭や通路の石畳を掃除。脇の砂にホウキで筋目を入れる。そうしておかないと、親分が起きてから機嫌が悪くなる。水やりの後、三八頭の土佐犬に順番で餌を与えます。餌は飯炊きの池田という爺《じい》やが、ブリキでできた桶《おけ》に頭数分用意してくれていたので、それを土佐犬の檻《おり》に放り込んでいきます。犬の機嫌が悪いと、放り込んだ時に腕を嚙《か》まれます。実際、私も嚙まれ、今でも左腕に三か所ほど、牙の痕が残っています。

当時、土佐犬の東日本大会は茨城県の岩井《いわい》という場所に常設の土俵があり、月一回、場所が催されていました。宇山の親分は「闘将」（仮名）が付く「しこ名」を犬に付けていました。例えば「闘将力」とか「闘将嵐」などですね。普段は「チビ」とか「リキ」「ケン」「アブ」なんて本名を呼んで散歩させてました。

宇山親分は、自分の犬が負けると突然機嫌が悪くなり「負けた犬は鬼怒川《きぬがわ》へ放り込んでこい。ついでにお前も放り込んでやらあ。犬の代わりはいなくても、お前の代わりなんか、いくらでもいるんだ」などと怒鳴られたことも数知れず。自分で言うのも何ですが、よく辛抱しましたよ。その時は何を言われても「うちの親父を男にしよう。この人の下で俺も男を磨こう」と決意していました。今思うと、相当理不尽な言葉を投げつけられましたが。父親を早くに亡くしていたので、そんな言葉でも父親の愛情らしきものを欲していた部分もあったのかも知れませんね。

土佐犬の餌やりが終わると、ようやく私たちも食事にありつけます。人夫は親分宅の裏手にある食堂で食べますが、私たちは稼業の見習いということで、親分家族（親分、姐さん、小さい子ども二人）と一緒に食卓を囲みました。お勝手は姐さん（四番目の妻で三〇代。当時親分が五二歳だったので、二〇歳近く若い）が仕切っていたので、私たち部屋住みは入らずにすみました。

朝食後は軍鶏やチャボといったニワトリ系や池の鯉に餌を与え、鳩小屋へ上り、一斉に鳩を飛ばします。鳩は本家の親分が趣味でレース鳩をやっていた影響だったと思います。

動植物の世話が終わると親分のお世話です。夜は飲み歩くことも結構ありました。親分が出てくるまで、私は外で立ちんぼして待たされることもしばしばありました。

親分が帰宅すると、寝付くまでマッサージをさせられます。いびきをかき始めたので、そっとズラカろうとすると「どこ行くんだ。俺はまだ寝てないぞ。この野郎、手抜きしやがって！」なんて叱られることも日常茶飯事でした。

姐さんが市内で小料理屋（親父に出してもらった店）をやっていましたから、姐さんの浮気の監視も兼ねてなのか、頻繁に行ってました。自分より年の離れた女房だったので心配だったのでしょう。姐さんは東北出身で、浅草のキャバレーで働いていた時、宇山の親父が一目惚《ぼ》れをして、口説き落として嫁に迎えたそうです。後に姐さんの浮気がバレて、大騒動に発展します。この話は後ほど語りますよ。

親分には小野（仮名）と、伊藤（仮名）という若い衆がいました。小野は普段は鳶職《とびしょく》として現場へ行き、人夫たちを仕切っていました。伊藤は中古車販売のブローカーみたいなことやってましたね。「売った車のダッシュボードに現金一〇〇万円入っていた。返してくれ」なんて詐欺まがいのシノギもしていたようです。

この伊藤の実の姉が、やはり市内で「コンドル」（仮名）というスナックをやっていました。そこへも親父は時折通っており、カラオケで「人生の並木路」なんかを歌ってました。

車は日産プレジデントに、伊藤や後に入る金沢、伏木といった奴らが運転をして、乗っていました。車内では必ず吉幾三《よしいくぞう》のカセットテープを流していましたね。テープが擦り切れて聴けなくなると、同じテープを探させ、また掛ける。そのルーティーンは最後まで貫いていました。

そんな毎日の部屋住み生活でしたが、ある時事件が起こります。一緒に部屋住みをしていた石田が、よりにもよって親分の娘と「恋の逃避行」をしたんです。

宇山の娘は恵子（仮名）といって、石田よりひとまわり上でした。隣町の農家に嫁ぎ、家庭もありましたが、実家である親分宅へ出入りしてるうちにデキてしまったのでしょう。

そのトバッチリでアパートを追い出され、飯場の二階で寝起きさせられる羽目に。挙句の果てに「お前友達なんだから、責任もって捜してこい」とか「お前もグルなんだろ」など、あらぬ疑いをかけられる始末。

石田が飛んでからは土佐犬の世話もしばらく一人でやっていました。その上「浅草で人夫探してこい」と「手配師」もやらされました。もしかしたら石田が浅草に姿を現すかも知れない、といった目論見《もくろみ》もあったのでしょう。

一年ほどして二人は帰って来ましたが、石田の母親の実家がある、埼玉県北部の方へ身を寄せていたとか。石田は指を詰めてきましたよ。笑い話ですがシャジコウ（医者）で麻酔かけて落としたとか。

後に二人は結婚して、石田工業という鳶の会社を立ち上げ、息子を一人授かりました。ですが、今から十数年前、理由はわかりませんが、石田はどこかの山中の川の中で自殺したそうです。

ちなみに、宇山の親分は四回結婚しています。石田が駆け落ちしたのは、二番目の奥さんの娘でした。部屋住み当時、姐さんと呼んでいたのは、四番目の奥さんで、歳は親分と二〇歳は離れていたと思います。この姐さんも市内で小料理屋をしていた時分に知り合った佐藤という男と逃げたから、親分の最期を看取《みと》ったのは、三番目の姐さんでした。

ちなみに、四番目の姐さんは、伊藤と出来ていましたが、伊藤は平然と親父の若い衆として兄貴面してたんですよ。そして、こいつは、自分でも人夫出しをやりはじめ、親父のところの人夫を引き抜いたりして、自分の懐を肥やしていたらしい。姐さんは伊藤と逃げる準備をしていたようで、何と、親父の家屋敷の権利書を、テキヤ系暴力団に売り払って東北に逃避行したんですね。この時、親分は、静岡の伊東《いとう》で静養中でしたが（当地にあったホテルの専務と兄弟分だったため年に数回は骨休めに行っていた）、姐さんが出奔したと聞くや、電光石火戻ってきて、居場所を突き止め、乗り込んで連れ戻しました。

テキヤ系暴力団からは、相談役の奔走と、同業のよしみもあり、売った金額で家屋敷の権利書は取り戻しました。一度、ミソ付けた女はいけません。結局、この四番目の姐さんとは離婚し、三番目の姐さんが戻ってきました。

この一件があり、それまではカタギで現場監督をしていた宇山の実子の一人が稼業に入るようになりました。

話を戻しますと、部屋住み時代、埼玉県内から浅草まで電車で通う訳ですが、毎日、朝六時に起床して犬の散歩から始まりますから、こちとら若いとはいえ、かなり疲れます。冬場なんて、起きるのが億劫《おっくう》でしたよ。

昔は警察公認で「手配師」稼業は簡単にまかり通った

要は「手配師」として浅草へ行って、仕事を探してそうな人間やプラプラしている労務者に「お兄さん、仕事しないか」とバンを掛ける（声を掛ける）んですね。向こうが「お願いします」と言ったら契約成立。なかなか首を縦に振らないのも多かったですよ。何せ日当四、五〇〇〇円ですから。「行く」と言ったら、浅草六区（以下、六区）にある「来来軒」という店で飯を食わせ、映画館へ放り込んで、また探しに行く。二、三人あがったら飯場へ連れて行き、簡単な労働契約書を書かせ、風呂に入れて、寝床を与える。翌朝から現場に出す。そんな感じですね。飯を腹一杯食って、みんなが寝静まった頃を見計らいトンコ（逃亡）するヤツもいました。全体の三割くらいはそんなのばっかりでした。

浅草での人夫出しの利権は、武州睦系山下睦（仮名）の親分が持っていたので、私たちは容易にやることができました。

その武州睦山下二代目が、あちこちの映画館からタダ券をもらい、各手配師に分けます。六区通りには東映・東宝・花月・松竹などたくさんの映画館がありました。メインで使ってたのは花月でしたね。六区のど真ん中にあり、地の利が良かったから。もぎりの婆さんが因業でした。そりゃそうですよね。しょっちゅう人夫を見張りに出入りするから怪しいですもんね。でも、途中からは婆さんとも仲良くなり、顔パスになりました。

手配に来る会社は三〇社以上ありました。特に仁義党系が多かったですね。あそこは建設業で人夫出しを営む人が多かったし、引退してカタギになった後も続けていた人もいました。他にも、ここで名前は出せませんが、今や大手の会社に成長したところでも、当時は社長自ら手配に来てましたよ。

手配師になるには、六区の交番に行き、手配師登録カードなるものに氏名・住所・生年月日などを記入し、手配師仲間に面通しすればＯＫでした。今では考えられないけど、警察公認の職業だったわけです。

私の場合、親父から「いつまでも親から小遣いもらってないで、自分でしのげ。一人一万円で買ってやる。その代わり、三日以内にトンコしたら穴埋めな」と言われ、意気揚々と浅草に向かったものです。ところが、以前来たことのある人夫などを連れて行くと「こいつは俺を頼って浅草に来たんだ。だから俺のもの」とか、何かにつけて理屈を言われカウントしてくれません。そんなことの繰り返しで段々馬鹿馬鹿しくなってきました。

土佐犬の世話係はというと、専門の人がようやく見つかり、やっと解放されました。

五月、六月の「お富士《ふじ》さんの植木市」や七月の「ほおずき市」、八月は上野池之端《いけのはた》で「納涼大会」など、親父の趣味でボク屋（植木）を出店してましたから、そのバイをしながら合間に人夫を探しにいきます。バイが悪いと怒る。人夫が上がらないと怒る。どっちに転んでも怒られっぱなしでした。

親分の目を盗みパチンコ三昧

新仲見世《しんなかみせ》通りに「蜃気楼《しんきろう》」（仮名）というパチンコ屋がありました。そこにうちの一家の人間が毎日のように出入りしていましたから、そこのマネージャーも、一家の人間には甘かったんですね。だから、私も、そのパチンコ屋に連日のように出入りし、稼がせてもらうようになります。はじめはチューリップ台でしたが、その内、時代はセブン台が主流になり、出玉率の高い台を数台キープし、遊んでました。

出玉は小箱に二～三箱、カウンター裏にキープしておくから、毎日お金を掛けずに遊べました。おまけに必ず当たる台をもらってますから、儲《もう》からない訳がない。毎日二万～四万。多いときは七万円くらい換金していました。「宵越しの金は持たぬ」なんて生意気なことを抜かして、洋服や靴買ったり、飲みに行ったり。翌日また稼げましたから。

当然パチンコに夢中で、人夫など上げませんから、親父が抜き打ちで来るんです。見つかっちゃいけないもんですから、情報が入るとパチンコ台を放り出して逃げました。あとはパチンコ屋の店員が管理して、出玉を預かっていてくれてました。楽しい時代でした。

もっとも、パチンコ屋でシノげたのも実質二年くらい。うまい話が長く続くわけはありません。パチンコ屋も経営が傾き、以前のようには稼げなくなっていきます。いつまでもこれじゃイカン、何とかしなきゃと試行錯誤しました。その後、本分のテキヤ稼業に傾倒していくことになります。

傷害事件で逮捕される

二一～二二歳の頃ですか。パチンコ屋が閉まると、パチンコ仲間二人とよく飲みにいってました。ある晩、「極楽（仮名。キャバレー）に行こう」と向かったところ、ツレが入店拒否されたようで、店のマネージャーともめていました。時折飲みに行く店でしたが、何があったかはわかりませんが、つかみ合いになったので、割って入りました。するとマネージャーが「あんたには関係無い」と私を突き飛ばしてきたのです。「おい、何やってんだ」と言うと「助けてくれ」と、いきなり走り出し、田原町《たわらまち》の交番に逃げ込みました。追いかけていき「どうしたんだ。ちゃんと訳を話してくれよ」と言っても「殺される。お巡りさん、助けて」などと叫んだので、頭にきて交番の椅子を投げつけてやりました。

それで「傷害・暴力行為」。私だけが看板持ち（組織に属していた）だったので、主犯として蔵前《くらまえ》警察署に二〇日勾留《こうりゅう》。他のものはそれぞれ上野と浅草に勾留されました。罰金刑でしたが、喧嘩の仲裁に入ってパクられるとは情けないものです。成人してからの逮捕歴はこれだけです。

伴侶との出逢い

そのパチンコ屋で昭和六〇年春頃、妻となる女性と出逢《であ》うことになります。彼女の女友達が常連でした。その友達を訪ねて時折彼女もくるようになりました。なぜか意気投合し、一緒に飲みに行ったりするようになりました。植木市を手伝いに来てくれたりしているうちに、私のアパートに飯を作りに来てくれたりするようになりました。

彼女とは、すぐに生活を共にするようになりました。当時、彼女は水商売で家族を養っていました。私は、すべて承知で受け入れましたが、一つだけ「俺のために、水商売から足を洗ってくれ。贅沢《ぜいたく》はさせてやれないけど、必ず幸せにすることを約束する」と言って、仕事を辞めてもらいました。

本格的に商売の道へ

私が在籍していた武州睦は、東京の下町に庭場をもち、稼業していました。

下町での主だったお祭り、縁日というものは、一月は正月市、小正月（藪入《やぶい》り）。二月は節分。三月は節句、春の彼岸市。四月は花見、亀戸天神社藤まつり、各地での桜祭りや花祭り（四月八日といわれる釈迦《しゃか》の誕生祭を含む）。四月から五月にかけてのゴールデンウィーク（連休市）、下谷《したや》神社例大祭、神田祭《かんだまつり》、浅草神社例大祭（三社祭[注4]）、お富士さんの植木市（一の富士）。六月は鳥越《とりごえ》神社祭、素《す》盞雄《さのお》神社天王祭、お富士さんの植木市（二の富士）。七月は朝顔市、ほおずき市、新盆市（いわゆる東京のお盆）、各地での納涼大会や花火大会（足立の花火や隅田《すみだ》川《がわ》花火大会が有名）。八月は亀戸天神社例大祭、旧盆市、各地での盆踊り。九月は秋の彼岸市。一〇月は菊まつり。一一月は酉《とり》の市。一二月は浅草羽子板市[注5]など、一年を通して催しごとはありました。

大師と名の付く場所は毎月二一日。不動尊と名の付く場所は毎月二八日と決まっていました。

天気と人の出に左右される商売です。先人は「テキヤ殺すにゃ刃物はいらぬ。雨の三日も降ればいい」などと言ったものです。

テキヤに入門した当初は、前述のバイを稼ぎ込みでやってたくらいで、オオタカ（大きな高市）になると境内の交通整理を手伝ったりする程度でした。ビックリさせられたのは、世話人達がショバ割りに行くと、境内の裏手で、本家の親分が、たった一人きりで交通整理をやっているのです。親分というと、そんな仕事は若い衆にやらせたりするものかと思っていましたが、真剣に大声を上げてやっている姿に感動しました。その後も幾度となく本家の親分の器の大きさに触れる機会があり、その感動を禁じ得ず、この人のためならテキヤ稼業に人生を賭《か》けられると思ったものです。

その後「折角庭場があるのだから、本業である商売で勝負してみたい」との気持ちが湧いてくるようになりました。

一家の気の合った人間と、打ち込み（同じテキヤの商売をする）で浅草寺《せんそうじ》の参道にカンスイ（かち割り氷を入れた飲み物）のバイをつけるようになります。当時は今ほど寺社も厳しくなく、武州睦の長老達がヒラビ（平日＝常設屋台）で毎日かき氷を出していました。同じネタをつけるわけにはいかず、一家のうるさ型の兄貴分に頼み「カンスイならいいよ」と言ってもらえました。長老達に意見してくれたのです。

早速、同じテキヤ組織の相談役をしていた井本氏に軍資金をお借りし、合羽橋《かっぱばし》でワゴンを買い、ネタを仕入れました。「さあ、売り子はどうしようか。バイトの女の子でも雇うか」などと話し合っていましたが、なかなかラチが明きません。そこでうちの妻が売り子として、テキヤ・デビューすることになります。カンスイもそこそこバイにはなりましたが、氷とは比べものにはなりません。妻と二人で相談し、一年を通してできるネタを探しました。そして「ソースせんべい」にたどり着いたのです。

はじめは打ち込み相手の関係者から三寸を借りてバイしていましたが、打ち込み相手は自分のバイがあるから、こちらに任せっきりで、配当金だけ持っていきます。それにも納得がいかず「だったら二人で三寸を買い、ネタも仕入れよう」となり、一家の先輩から三寸を借り、打ち込みの相手からの僅《わず》かな出資も返済し、二人からの航海が船出しました。

少しずつ、お金を貯め、借りていた三寸も中古で買い取りました。この時から足を洗うまで「ソースせんべい」は、いい時も悪い時も（悪い時の方が遥《はる》かに多かった）〝うちのネタ〟として、ずっと続けてきました。

我が家のネタは「ソースせんべい」

ソースせんべいとは、円形の薄いせんべいに中濃ソース、梅ジャム、オレンジジャム（途中で製造中止）、ミルク、チョコレート・シロップなどを、一回一〇〇円（仕入れ値の上昇や消費税の適用などで一五〇円、二〇〇円と徐々に値上げせざるを得なくなった）でスマートボール式のパチンコ台のゲームで枚数を決め、その枚数に応じて塗って渡します。枚数は八枚から一〇枚、一二枚、二〇枚、二五枚、三〇枚、五〇枚、一〇〇枚まで。妻は八枚や一〇枚のお客さんには二枚おまけをつけてました。五〇枚や一〇〇枚も入りづらい場所ですが、入っちゃうんですね。

はじめは「花丸せんべい」（佐藤製菓）を使っていましたが、薄すぎて割れてしまい、ロスがかなり出ます。それと、形が不揃いなものが多く混じっていたので、途中から「ソースせんべい」（五十鈴製菓）に切り替えました。

ソースせんべいに塗るソースなども色々研究し、ソースは「カゴメ中濃ソース（業務用）」、ミルクの缶詰は「明治」、チョコレート・シロップは「森永」がそれぞれ一番適していると、妻はこだわってました。

中には二種類、三種類塗ってくれというお客さんがいましたが、妻は「八枚一〇枚は一種類。一五枚二〇枚は二種類。二五枚三〇枚は三種類。五〇枚一〇〇枚は全種類」と決めてました。一〇〇枚が出ると、ソースせんべいは一袋二〇〇枚入っているので、それとお土産用のパックに入った梅ジャムやミルクなどをつけて渡してました。

以前は、他家名でもソースせんべいを付けてる人が結構いましたが、日本の景気が悪くなるのと平行線で、売り上げも減少し、ネタ替えをする人が増え、私たちが足を洗う頃には、ほとんど見かけなくなりましたね。

倉庫はどうしていたかというと、観音裏に浅草親睦会があり、そこに一家の先輩が住み、皆の荷物管理を一手に担っていました。一家のほかの人達は三寸の他、鉄骨やテント、椅子、テーブルなど荷物も多く、月幾らって金額をその先輩に払っていました。私たちの道具はソースせんべいを含めて茶箱三つを台車に載せたほどだったので、平成一七年頃に閉鎖するまで、盆暮れの挨拶《あいさつ》程度で面倒みてくれました。

その後は従業員の一人が「花やしき」の側に住んでいたので、そこの玄関裏にお金を払って荷物を置いてました。そこも立ち退きになったのもあり、ヒラビの出店をやめ、高市のみしかバイをやらなくなりました。

いずれにしても、二〇一七年に「梅ジャム」が生産中止となり、図らずもソースせんべいを廃業せずにはならなくなりましたが。現在「梅ジャム」の名で流通しているものは、まるで別物です。

少しずつネタを増やす

平成一二年に、同門の兄貴分が亡くなりました。その方が生前「とうもろこし」と「ハッカパイプ」をバイしてました。その内の「ハッカパイプ」を譲り受け、縁日では、妻が二軒並べて、一人でバイしてました。

あとは行事によりますが、正月は「ソースせんべい」のほか「フランクフルト」。隅田川花火大会では「ソースせんべい」「ピンコロ」(ラムネ)と「フランクフルト」。

親分と実子の打ち込みの商売では町内テントを組んで「茶店」でしたね。ネタは「焼きそば」「みそおでん」「もつ煮込み」「鮎《あゆ》の塩焼き」「カンスイ」(缶やペットボトルの飲み物、缶ビールや缶チューハイも含む）が多かったですね。

バイはつらいよ

昭和六二年頃に、ほおずき市でのバイを始めることになります。ほおずきをバイのネタにしていた親父の兄弟分が亡くなりました。早速、本家の親分からうちの親父に「後をやれ」との鶴《つる》の一声で、それまで観音裏で出していた植木から、ほおずきにネタが変わりました。

ほおずき市は浅草寺の行事で、曜日に関係なく、毎年七月九日、一〇日に行われます。四《し》万六千日《まんろくせんにち》といって、その日にお参りすると四万六〇〇〇日お参りしたのと同じご利益があるとか。

このほおずきは、ほおずき生産組合（現在は解散）があり、そこにネタを発注します。ネタはすべて買い取り。二日間雨でネタが残っても一切引き取ってはもらえません。逆に好天で足りなくなったらおしまい。追加注文はできません。丁度、開催期間は梅雨の時季なので、欲張って仕入れてもスイバレ（雨天）なら赤字になります。ですから、雨だと初日からスヤブチ（安売り）する店も出てきます。残ネタを持ち帰っても捨てる場所に困るだけ。そこは出店者の親方の永年の経験と勘がものをいいます。

ほおずきは「鉢」がメインですが、他には「落ちタン」（ほおずきの実）「切りタン」（長く切ったほおずきの実のついた枝）「つりしのぶ」（職人が減少して最近ではあまり見かけない）「海ほおずき」（巻き貝の卵嚢《らんのう》・現在は漁獲禁止）と色々扱ってましたね。

先人から「一家名乗りをして神農になっても、ほおずき市で自分の店をもってこそ真の神農なんだよ」という話を聞いたことがありました。

ほおずき市でも、以前はソースせんべいでバイしてました。人相の悪い男共では売れるほおずきも売れません。ところがそうこうしているうちに、更にもう一軒、ほおずきの店を任され、二軒になりました。さすがに二軒は私一人では対処できませんから、妻にもほおずきの店を手伝ってもらうようになりました。

余談ですが、妻から、五月の連休市で「鮎の塩焼き」を教わりました。はじめは鮎の口から竹串《たけぐし》を刺し、適当に塩を振って焼いてましたが、鮎が泳いでる様に串を刺す「踊り刺し」やヒレにだけ塩を振る「化粧塩」を教わりました。

三社祭は浅草神社例大祭といい、神社の行事で、五月の第三週の金、土、日に開催されます。浅草寺は場所を提供しているだけです。

昭和六二年五月、三社祭で初めてソースせんべいの店をもらいました。初日は大雨。「どうせみんなもまだ店なんか開けてないだろう」と妻と二人、午前一〇時頃ノコノコと浅草へ向かいました。ところが、みんな電気を煌々《こうこう》とつけて商売しているではありませんか。この日は、自分たちの甘さを思い知らされる出来事になりました。以来、悪天候でも手を抜くことはしないようにと、二人で決めました。

酉の市の熊手の商売は助け合い

平成の初め頃には、酉の市[注6]で熊手をバイをしていた親分の逝去に伴い、やはり本家の親分から「お前がやれ」と言われ、熊手の商いもするようになりました。

はじめは「熊手はやめましょう」と親父に言いましたが「本家の親父がやれと言っている。逆らうわけにはいかない。今後、正月以外の売り上げはペテン割り（人頭割り）でやるから、やってくれ」と頼まれ、渋々引き受けました。親父の実子を含めて三ペテンになるわけですが、それを機に次々と行事ごとに店をもらうようになります。

平成四年（一九九二年）頃の酉の市からですか、ベテランの熊手商は自分たちである程度、作りますが、なんせこちとら熊手は素人。仕入れ先を本家の親分の実子に紹介してもらい、始めました。毎年やっていると、他の店で出しているネタ、その仕入れ先とも比較するようになります。他の露店でやっているネタを見て、「ああ、こっちの方が威勢いいや」とか、「あっちがキレイだな」という具合で、知り合いの東京会の人間を通して、「スダ」という卸元のネタを仕入れるようになりました。

あとはネタの仕入れ値。これも卸元によって違う。当初、紹介されたネタ元は、大きさや飾り付けにも依《よ》りますが、仕入れ値で五分ネタ（仕入れ値が売り値の半分）くらいだったから、あまり利益が出なかった。しかし、ネタ元を変えたことで、熊手が煌《きら》びやかになり、仕入れ値も抑えられたために売り上げも伸びていきました。酉の市は、暦で二回ある年と、三回ある年があります。これを、一の酉、二の酉、三の酉と呼びます。この数日間で、四〇〇万～五〇〇万上がります。我々の懐に入るカネも、ペテン割りして一〇〇万くらいはありましたから、いい商売でした。

ただ、このバイは肉体的にキツい。酉の市は、前の日が前夜祭となり、この日は、夕方から午前〇時まで商います。寝るのが三時過ぎの深夜で、翌日は午前九時には店を開けて、一日通しでバイを続ける。日付が変わってから、ようやくお開き。ネタを引き上げて、帰るのが三時くらいになる。もう、終わったらへとへとですよ。

この酉の市では、私と親父の実子、そしてテコ（雑用係の若者）二、三名を使って回していました。このバイでは、お客が買ったら三本締めでお祝いしてあげるのが習わしです。あと、熊手の名前も木札に墨字で書いてあげるサービスがあります。常連さんには名前入りの提灯《ちょうちん》を事前に用意したり。こうして場を盛り上げないといけない。巫女《みこ》さんがナシオトでお守り売るのとは訳が違う。だから人が要るんですが、二、三人で三本締めしてたんじゃあ、場が盛り上がんない。そこで、隣の店の熊手が売れたら、周りのみんなが集まってきて、お祝いの三本締めで盛り上げる。そこには、組織の違いを超えたテキヤ同士の仲間意識、協力関係があるんです。

　当時、うちの店の左が飯田春山（仮名）四代目、右が生島一家入山（仮名）二代目の店でした。この酉の市のニワは、テキヤ団体五家名の「合いニワ」というもので、共同管理していました。熊手の仕入れに約一束（一〇〇万円）。ショバ代は、サッカン（道路使用許可＝警察に払うお金）込みで当時二〇万を少し出るくらい。あと、屋根代と鉄骨代。これはシマ内の任侠団体が担当します。一の酉で鉄骨代、二の酉で屋根代を支払います。また前夜祭に「炭」を置いて行きます。炭代として一万、屋根代、鉄骨代各三万円を集めにきます（現在は「炭」の配達は無くなったそうです）。

　この炭は、地元以外の人には不思議かもしれないけど、これは、七輪に入れて暖をとったり、熊手を買ってくれたお客さんの名前を木札に墨書きし、それを乾かしたりするために使います。電気もカネが要りますが、これは、電気一灯三〇〇〇円で灯数分ですが、うちとは馴染みの電気屋でしたから、六灯くらい使って「三つだけ下さい（三灯分）」という具合に割り引いてもらっていました。

　熊手はいいネタでしたけど、やはり景気に左右される。リーマン（ショック）の時なんか悪かった。暴排条例ができる前年の二〇一〇年頃には、儲けが四〇万円あるかないかまで落ち込みました。私は、このネタを、暴排条例を口実に譲ることにしました。「これで、名前も出せなくなっちゃったし、俺も年だから身体もたないしね」というのが表向きの理由。実際は、気苦労など他にも色々な理由がありました。

昔は刑事さんもお客さん

酉の市の賑やかなときは、知り合いの四課[注7]の警察官も親子で来ていました。父親の電気屋にと、一万～二万の熊手を買っていたなあ。この人の父親が亡くなった時なんか、武州睦の名前で香典出したもんです。浅草の妻の露店にも三課の刑事が差し入れ持って来ていた。「これさあ、大和さんにじゃないよ。姐さんにだからね」とか言ってね。あとは、四課の刑事、神農担当者は、「何か変わったことないか」、「元気にしているか」とかね、ご機嫌伺いの電話を週に二、三回してきてたし、本部事務所に来て、（盃事の）ビデオを観ていったりしていましたよ。牧歌的ないい時代だったと思います。いまみたく暴排、暴排って言わなかったしね。暴排条例施行後は、何もかも変わっちゃった。

一二月は羽子板市。「歳の市」や「納めの観音」とも言われ、浅草寺の行事です。一九九五年（平成七年）だったかと記憶しますが、羽子板出店者の店から火災が発生しました。この火事を境に年々衰退していきましたね。

妻のソースせんべいと隣り合わせで茶店をつけていました。いつだったか忘れましたが、「SPEED」というグループが「第二の安室《あむろ》（奈美恵《なみえ》）ちゃんを目指してデビューするのでヒット祈願にお参りにきました。ぜひソースせんべいの店で一緒に写真を撮らせてください」というので協力したこともありました。後に、妻の元に掲載された雑誌を送ってきました。そうそう、岸部《きしべ》一徳《いっとく》と松坂慶子《まつざかけいこ》が『死の棘《とげ》』という映画の撮影にきて、急遽《きゅうきょ》三寸を組んで撮影協力したこともありました。浅草公園町会事務所を楽屋として使ってて、二人にサインをもらった思い出があります。

商売を研究する

正月のバイなど大きなお金が動くとき、私は基本的におカネを扱うのが嫌だった。「バイヒルナ（売り上げをちょろまかすな）」というのがテキヤの掟《おきて》ですから、実子に任せていました。だから、ネタの仕入れは、親分が五〇とか一〇〇（万円）出してくれて、売り上げから相殺する。そして、毎日の売り上げは、翌日の釣銭だけを残して、実子から親分に上げてもらっていました。だから、私は基本的にはカネを触らないで済んでいました。

私が入門した当時、ネタは「焼きそば」、「おでん」、「ラムネ」、「瓶のコーヒーとオレンジジュース」、「瓶ビール」、「一升瓶を注ぐコップ酒」でした。

話していたら、思い出してきました。稼ぎ込みの時、暮れになると手作りの三寸風の台でバイしていました。茶店で出す皿は陶器製。これで焼きそばや、おでんを出すわけですが、ブリキのバケツに七輪でお湯を沸かして、茶店の隅で洗うんですよ。まあ、正月のバイは寒いですから、手が赤切れになっちゃうんですよね。こればかりは閉口していましたが、上層部の声掛けで、徐々にスチロールとか紙皿とかに変わっていきました。でも、焼き鳥の台の横に置いていると熱で溶けちゃったりしてね、慣れるまではドジなこともしちゃいましたよ。

どうせやるからには他の茶店に負けてられないと、親父の実子と相談し、甘酒、みそおでん、焼き鳥、もつ煮込み、鮎の塩焼きと徐々にネタを増やしていき、お茶もヤカンで沸かして無料でセルフサービスしていたものを缶に切り替え、瓶ビールから缶ビールへ、コップ酒からカップ酒へと転換を図り、三寸も手作りの台から新品に交換し、売り上げが上がるよう、研究を重ねました。

まあ、いろいろ考えて、親分には内緒でネタを増やしていった。そして、折を見て「親父、実はね今回は焼き鳥を増やしたんですよ。こいつが、けっこう売れましてて」なんて事後報告すると、「馬鹿野郎、だから俺が早くやれって言っただろう」とくる。「早く焼き鳥のネタを準備しろよ」なんて、ひと言も聞いていませんよ。でも、まあ、今となっては笑い話。そんなもんですよ。

結果、正月市の売り上げが良くなったらしく、機嫌を良くしたのか、チョーフ分け（手間賃を分配すること）で、昭和六三年には五〇万。平成元年にも五〇万。平成二年、三年には一〇〇万もらいました。

それまでは暮れの小屋がけ（晦日《みそか》）をし、大晦日から七草までバイしても、ツマミチョーフ（小遣い）で、三万円でした。しかも現金ではなく、新年会の会費が一万五〇〇〇円で、二か所あったので、会費でチャラといった塩梅《あんばい》です。私の中では一大革命でしたね。

テキヤ組織での役割

昭和六〇年（一九八五年）過ぎたくらいですか。武州睦の事務局の仕事も少しずつ任されるようになりました。肩書は事務局次長。肩書は偉そうですが、単に、事務局の作業が面倒くさいことと、なりたい人材が居なかったんでしょう。

その仕事とは、たとえば、年賀状や暑中見舞い作成や整理、義理事のチラシ作成や宛名書き、住所録リスト作成などです。当時は、パソコンが普及していませんから、それは大変な作業でした。たとえば、年賀状などはすべて手書きですが、平均して一〇〇〇枚、多いときは二〇〇〇枚くらいありました。一週間じゃあ終わんない量です。どこに出すかというと、神農界と任侠界[注8]です。名前を間違えていないか、あるいは、役職が変わっていないかなど、細心の注意を払わないといけません。実際、クレームも来ていましたよ。その他、義理事のチラシ作成や宛名書き。これも楽な仕事じゃなかった。

祭りの混雑をさばくのも世話人の仕事

同じ頃、本家の親分から「世話人の補佐をしろ」との命があり、祭りの世話人に加わるようになります。

高市の主な流れですが、事前に寺社に許可を取り、ＯＫが出たら高市の約一か月前くらいに受付を開き、ネタヅケをします。ここで、オトモダチの皆さんが出す店のネタを確認するのです。基本、それ以降のネタの変更や新規出店者は認めません。受付後、所轄警察署や保健所、消防署に申請書類を提出します。ゴミの収集運搬業者にも手配をします。

高市の前々日には店を割るための線引きをします。出店者により、六尺だとか七尺だとか測って引いていくんです。

そしてショバ割り。これは、境内の中で、出店者にバイする場所を割り振る仕事です。同じネタが被《かぶ》らないようにしないといけませんし、複数出店する同業者は、公平に場所を割り振る必要があります。すべていい場所に割るという訳にはいかないからです。開始時間になると、庭主である本家の親分が挨拶し、世話人の代表が注意事項を説明し、順に店を入れていきます。

バイ中は世話人が保健所や消防署の人間と各店を回り、安全を確認します。

バイがはねる（終わる）と掃除。境内をくまなく見て、念入りに掃除をします。特にあんず飴《あめ》やジャガバターのバターがなかなか落ちない。翌朝も確認し、更に掃除をして、寺社に返します。

もうひとつ大事なことが、三社祭やほおずき市、羽子板市、ガサ市[注9]の時、境内の交通整理です。境内に一般客の自動車が入り込んじゃいけませんし、同業者は荷物を下ろしたら速やかに移動しないといけない。警備会社でも雇いたいところだけど、素人が注意しても言うことを聞いてくれない者もいる。しかし、世話人が言うとすぐに移動してくれます。こうした祭りの混雑をさばくのが、ニワ主としての世話人の仕事です。

露天商から出店料を集めるのも、世話人の仕事です。これは、事務局とは関係ない仕事です。会計が別だからそうなる訳で、出店料は、世話人の懐でやんないといけない。私は、会の事務局員をしながら、世話人の補佐も仰せつかったので、タカマチのときは、寝る間もないくらい忙しかったことを覚えています。

でも、宇山の親分は、私が会の事務局で身体を取られるのが面白くなかったようです。

「なんだ、また浅草行くのか」と恨み節でしたから。親分は、どこかに出向くとき、私と実子が同行するのが通例でした。だから、親分が出かけるときに「今日は事務局の仕事がありまして」、「場所割りがありまして」などと言うと、機嫌が悪くなっちゃうんです。幹事長を拝命してからの宇山親分は、義理に行く人（義理事に自分が出向く人）でした（それ以前はすべて私が代理で行っていた）。そこは素晴らしいのですが、私と実子がお付きですから、そこで会務を優先すると「おれ一人で行かす気か」、「おれよりそっち（会務）が大事なのか」とお冠なわけです。

とはいえ、私は、武州睦の上部団体である関東神農連合会の事務局も任されることになり、仕事も年を追うごとに多忙になりましたから、このバランスをとるのは、なかなか大変でした。平成一三年（二〇〇一年）に宇山親分が他界するまでは、この兼ね合いには気を遣い、苦労しましたが、親分が鬼籍に入ってからは、会の業務に専念出来ました。

私は、関東神農連合会九代目総長の下では、幹事、理事、常任理事と専任理事、運営委員、連合会事務局次長を。十代目総長の時には、副会長・総本部室長、慶弔委員長の肩書をもらいました。この十代目の時に、関東神農連合会は、現在の関東神農会と改称されました。これは、関東神農会所属の武州睦や加盟各一家が団結し、組織を一本化させるという意図がありました。だから、傘下のテキヤ一家や会の場合、「関東神農一家」という冠が頭に付くようになったのです。例えば、関東神農会・関東神農一家・武州睦など。

役職が上になるということは、会の事務局として稼業違いの組織（ヤクザ）との形式的な付き合いも仕事に入ってくる。つまり盆暮れの挨拶とかですね。関東神農会側は、親分の名を張った煎餅《せんべい》と、佃煮《つくだに》の詰め合わせを用意していました。付き合いのある組織が、タカマチの期間中に、うちに挨拶に来れば、作業着からスーツに着替えて挨拶し、三〇分ほどで商売に戻る。こちらからも事前にアポを取り、先方に伺います。企業のあいさつ回りと一緒で、親戚団体や総長の兄弟分としてオツキアイしている団体に時間差で回って行く。コロナ禍以降は、直接挨拶には行かず、盆暮れは郵送になったと聞き及んでいます。

暴排条例で何もかも一変した

暴排条例が施行された二〇一一年といえば、六月に、関東神農会・関東神農一家・武州睦四代目分家山下（仮名）三代目を、私が継承しました。この時は、関東神農会の会務としては、慶弔委員長。武州睦では、事務局長です。本部行事と個人的な付き合いとでは、名刺を使い分けないといけないから、複数の名刺を持っていました。若い衆も何人か抱えていましたが、暴排条例が厳しくなってきたタイミングで、私からは、若い衆に対して「カタギ（正業）一本でやれ」と言い、足を洗わせました。

うちの若い衆は、出来が良かったかというと、そうでもなかったのもいましたね。彼らは、テキヤとカタギの二足の草鞋《わらじ》を履いていました。カタギの仕事は、建設業とかですね。何人かは、後年、有限会社大和工業（仮名）で雇用しました。

花火大会や正月はフランクなどを出していましたが、小遣い稼ぎに手伝いに来る子もいました。若いのにフランク焼かせたら、上手に焼ける子もいましたが、中には外側は焦がして内側は生焼けなんて、そんなヤツもいました。とりあえず、若いのがチョンボしたら、ケツは私に回ってきますから、まあ、色々と尻《しり》ぬぐいが大変でした。妻なんかも、「あの子は、何やらしてもいい加減だから使えないよ」と、こぼしていましたから。

妻は、バイに関しては紐《ひも》一本結ぶのもキチッとやる性格でしたから、お客さんに出す品物をいい加減に扱うことは許せなかったのです。何せ自分の店は三寸の組みばらしも私にすら触らせない程、徹底してました。ホント、妻には頭が上がりませんでした。

若い衆の一人、藤山（仮名）には、福島の復興工事を依頼しました。あるとき、私にハワイアン・リゾートの復興の話が下りてきました。私は、藤山に「ウチを飛び越していいから、直で取引しなよ」と、伝えました。すると、自分で会社を興して下請けに入りました。いい時は儲かったようですが、こいつはカネ遣いが荒い。また、その上の社長夫婦がカネに細かかったものですから、直ぐに息切れしてきました。

良い時もあったようですが、結局、私に頭下げてきて、一〇〇万円のカネを借りていきましたが、傾いた会社を立て直すことはできなかったようで、後年、会社は潰れて、藤山は夜逃げしたようです。追い込みかけなかったのは、サツに泣きつかれでもしたら、悪くなくてもこっちが恐喝なんかでガラもっていかれたら馬鹿馬鹿しいと考えたからです。高い授業料を払いました。

バイだけでは食えず、建設職人と二足の草鞋

実は、副業で建設作業員などをしていたのは、藤山のような若い衆だけじゃあない。かく言う私も、一〇代の私をこの稼業に引っ張った小澤の兄貴の会社で、ハツリ工事[注10]の仕事をしていました。事の始めは、私がバイで苦労していた時に、「お前ね、バイが厳しいようなら、うちの手伝いに来いよ」と、言ってくれていたからです。もっとも、私は、その時、バイのほかに武州睦の会務をしていましたし、宇山親分の世話もありましたから、「兄貴、会務と祭りの時は、休ませて下さいよ」と条件付きで働かせてもらいました。

労働形態は、一人親方の請負という形です。平成七年（一九九五年）にハツリの仕事を始めてからというもの、バイや会務も含め、一年三六五日、休みなしで働くことになりましたが、小澤の兄貴は、一日あたり一万五〇〇〇円払ってくれていました。まあ、月に二週間ほ

ど働くのが限度でしたが、私も妻と細々と暮らし、テキヤとして何とか体面を保つことができました。

うちには子どもがいません。当時私は、テキヤ稼業には何があるかわからないから、女房子どもに迷惑は掛けられないなどと、変なこだわりを持ってました。今思うと馬鹿ですね。代わりといっては何ですが、犬を飼っていました。多い時で九匹。生意気にブリーダーでもやろうかと思ったりしました。しかし、飼った犬が子犬を産むと、かわいいのとかわいそうなのとで、私も妻も手放せなくなりました。まあブリーダーには、向いてなかったんですね。

もっとも、神農界にはプーバイ（いわゆるダフ屋）の組織もありました。彼らいわく「真面目にダフ屋を半年やれば、新車でトヨタのセルシオやアリストが買える」そうです。なかなか上手《うま》い商売だなと思ったことはあります。

ダフ屋の商売には、チケットの転売だけではなく、芸能人の写真が入ったテレカや、プロマイドの偽造品を客に売りつけるという非合法なものを扱う者もいたようです。私は、永ちゃんが好きでしたので、自分が「神」と思っているアーティストを、そんな手段でカネにしたくなかった。これは、おそらく性分ですね。テキヤはお客に正当なモノを売る。ハツリは労働して対価を得るから、人から後ろ指を指されることもないと自信をもっていました。

平成一二年（二〇〇〇年）を過ぎたあたりからですか。会の重鎮が次々と鬼籍に入りました。平成一二年には私の同門の兄貴分が。平成一三年に宇山の親父が。そしてハツリの会社の小澤の兄貴も、平成一四年に他界しました。

この亡くなる少し前に、小澤の兄貴は、私にこう言いました。「お前みたいな（日給の）高いやつは、いつまでも雇えないよ。もう、仕組みは分かっただろうから、あとは、自分で会社やりなよ」とね。その頃、兄貴の会社も仕事で苦境にあったようでしたから、仕方がないことです。私も、兄貴にこれ以上迷惑を掛けられないと思い、この機会に思い切って独立することにしました。

平成一四年（二〇〇二年）に、手伝いに来ていた若い者三人と、大和工業を設立しました。二年後には法人化することになります。

法人化するに際して、後に、私からカネを持ち逃げする藤山というテキヤの若い衆から休眠会社を買い取りました。その当時、彼は私に四〇万円ほどの借金がありました。それを返せないので、会社を買い取ってほしいと提案してきたのです。

有限会社大和工業は、順風満帆とは言えませんでしたが、何とか食いつなげる程度の仕事はありました。従業員を雇うということは、給料を払わねばならない責任が生じます。遅配なんかしたら、格好がつきません。だから、独立してからは、給料を工面するため、自分の生命保険や年金保険も解約しましたし、新車で買ったアルファードも売りました。妻が大事にしていたプラチナとイエローゴールドのコンビのブレスレットは、何度も質屋の蔵に入りました。最後は流れちゃいましたが。それでも、「働けばカネが入る」わけですから、自分を励まし、従業員に背中を押されながら一日、一日を、地道に積み重ねて行きました。

人一倍元気な妻に異変が

（筆者注・これより大和氏の筆による）

二〇一六年一〇月後半、妻の体調に異変が起こりました。これまでピロリ菌による胃潰瘍くらいしか病気らしい病気をしたことがない妻の様子が、明らかにおかしい。商売へ向かう道中、コンビニというコンビニでトイレを借りる有り様。病院に行こうと勧めますが「一一月三日、文化の日の商売が終わったら行く」と言って聞きません。そして、一一月五日、以前、胃潰瘍の治療をしてもらった胃腸科へ行きました。翌日病院から「血糖の異常が見られます。すぐ来て下さい」と電話があり、向かうと「市立病院の内科部長に紹介状を書きました。今すぐ救急で行ってください」と告げられました。

市立病院に着くと「このままでは命の危険がある。血糖値が七六八もあります。成人男性でも意識障害を起こすレベルです」と言われ、そのまま緊急入院し、治療が開始されました。今まで糖尿病の徴候すら指摘されたことがなかった妻でしたが、医師からは「良くなっても一生インスリン注射を続けなくてはならない」と宣告されました。

それでも、「命が助かるなら」と受け入れる覚悟をしました。ところが、約三週間の入院中、奇跡が起こりました。みるみるうちに血糖値が下がり、妻が元気を取り戻しました。インスリン注射も途中で止め、退院時には投薬で済むようになったのです。

この入院のときに、胆石症が見つかり、翌二〇一七年、消化器科で胆嚢《たんのう》摘出の手術を受けました。二〇一八年には眼科で白内障手術。以来、定期的に病院にお世話になるようになりました。

足を洗う覚悟の時

妻の入院を機に、テキヤの世界から足を洗わなければならない時が近い将来くるのではないか、と考えるようになります。これ以上、妻には体を酷使させられないと思ったことが最大の理由です。

同時期に、建設関係の取引先から「大手ゼネコンもコンプライアンスが厳しくなり、反社の排除が契約書に盛り込まれるようになった。大和さんはテキヤさんだから関係ないだろうけど、その辺気をつけてください」との忠告もありました。

正直、私はテキヤという稼業に誇りを持って歩んできました。暴力団や反社会的勢力などと思ったことは一度もない。何ら違法な手段で金銭を獲得したこともない。むしろ露店という空間を演出し、その一時ではあるが、祭りを盛り上げ、社会に貢献してきたと思っている。

しかし、国家権力（日本の社会）がテキヤ組織に所属する者を、反社会的勢力と位置付けるのであれば、愛する従業員とその家族、取引先を守るため、身を引くことも考えるようになってしまいます。

二〇一六年一二月、武州睦本家六代目を継承していた若月（仮名）の兄貴に相談しました。すると、「話は、分かった。ただし、事務局の仕事の後任者を育て、会務を引き継ぐこと」、「有事の際は協力してくれ」との条件が出され、渋々でしたが承認してもらえました。後は上部団体である関東神農会十代目総長の許可を得なくてはいけません。

二〇一七年二月、本家六代目若月の兄貴と武州睦理事長、幹事長に同行してもらい、関東神農会十代目総長の元を訪ねました。総長は、「今までご苦労さん。しっかりやっていけよ」と、快く承諾してくれ、「何も悪いことしたわけじゃないけど、形は作らなきゃな」と、除籍通知を出すよう指示がありました。

二〇一七年（平成二九年）二月二五日を以《もっ》て、遂に私のテキヤ人生に終止符が打たれました。これからは、会社は小さくても、建設の分野で、従業員たちと共に社会に貢献できるよう、今まで以上に努力し、精進を重ねていこうと、改めて決意します。

妻の病再び

二〇一九年の年末、消化器科の定期検査で、「奥さんの腫瘍《しゅよう》マーカーの数値が上がっている。検査をしよう」と、担当の医師から言われました。翌二〇二〇年二月の毎週木曜日に、胃カメラ、腹部MRI、大腸内視鏡検査を行い、結果は「異常なし」。三月八日、念の為と撮った胸部CT検査で肺がんが見つかりました。すぐに呼吸器科を受診。四月の検査入院で肺がんの中でもたちの悪い「小細胞がん」と判明。手術はできないので、抗がん剤と放射線治療で根治を目指すとの方針になりました。その日「必ず病気に打ち勝って、更に健康になろう」と、二人だけの戦いを開始しました。

五月一一日、本格的な入院が決まりますが、妻は、治療を前に自分の体重を腰や膝《ひざ》が支えられなくなっていき、歩行も厳しくなりました。原因は最後までわかりませんでした。

折しも新型コロナウイルスの感染拡大で面会もできません。それでも勝つ事だけを考え、過酷な治療に臨み続けました。抗がん剤の影響で髪は抜け、味覚も変化し、思うように食事ができなくなりました。放射線治療で唾液《だえき》が出なくなり、食事を飲み込むのも困難になっていきます。

予定六クールの抗がん剤治療を前に、七月はじめ、二クール目を終えたところで退院になりました。理由は「病院では何も食べられない。家で食べられるものを探してほしい」との理由です。七月、八月と通いで抗がん剤を受けましたが、とうとう自力歩行が困難になり、車椅子を使うようになりました。

そんな中にもかかわらず、彼女は「今まで生きてきて、今が一番幸せ。こんなに幸せでいいのって思ってるよ。絶対に元気になって、あなたにも、みんなにも、絶対に恩返ししなきゃね」と気丈に頑張っていました。

クリスマスイヴに悪魔から届いたプレゼント

二人だけの決死の闘病中の二〇二〇年一二月二四日、まさにクリスマスイヴ当日、居住地域の自治体から一通の封筒が届きました。開封してみると「聴聞通知書」でした。要するに『有限会社大和工業は暴力団等が支配している』、『暴力団等である身分を隠して不当に建設業許可を更新した』といった理由から、二〇二一年一月二一日に県第二庁舎で聴聞会を開くので、代表者である妻に出席するようにとの内容でした。

妻は「何それ」と憤慨。私も到底納得できるものではありません。誰かのチンコロ（密告）なのか。嫌がらせなのか。また何でこんな時に（妻の闘病中であり、新型コロナウイルス拡大の最中）、本当に悔しかったですね。

妻が会社の代表者ということには意味があります。二〇一二年、私が代表取締役で建設業許可を申請した際、埼玉県から「何も言わずに申請を取り下げて下さい」と電話がありました。すぐに警察にも伝わったのでしょう。知り合いの警視庁組対四課の人から「すまない。私たちは、大和さんも、武州睦も暴力団なんて思ってもいない。『排除係』ってところの仕業だ。気を悪くしないでくれ。会社は姐さんに社長になってもらい、大和さんは裏で支える役になってはどうか」と連絡がありました。

テキヤでも暴力団の扱いになり、建設業許可を取得できないと察知し、妻に代表取締役を譲り、私は裏方へ回りました。そして二〇一四年改めて建設業許可を取得しました。更に二〇一八年に更新し、県も認めていたのです。それなのにこの仕打ち。何とか取り消しだけは回避したいと、恥を忍んで警視庁にも相談しました。知り合いの行政書士にも。

迎えた聴聞会当日、先方は議長と行政側担当者二名、県警の刑事二名の計五名。五対一の小さな裁判でしたね。午前一〇時の開始から一時間半以上、真摯《しんし》に向き合い、誠実に意見を主張しました。先方は、「あなたが真面目に仕事に取り組んでいる姿勢は評価できるし、人柄も誠実なのはよく理解できました。でも五年経ってないんだよね」との回答。所謂《いわゆる》「元暴五年ルール」が彼らにとっての水戸黄門《みとこうもん》の印籠《いんろう》なのでしょう。正直まだまだ話したいことはありましたが、向こうも早々に切り上げたい態度がありありでした。ましてや、病と闘う妻をこれ以上一人にさせておきたくなかった。六日後には脳に転移した腫瘍をガンマナイフで治療する予定もある。結果は天に委《ゆだ》ねるしかなかった。今、思い起こすと、取り消しありきの聴聞会で「一応オタクらの意見は聴いてやったよ」という形式を作っただけの茶番劇でしたね。

二月四日、居住地域の自治体から通知が届きました。二月三日付けで建設業許可の取り消しが決定しました。今後五年間は新規でも取得できないとの内容。取引先各社には伝え「問題ない」との回答を得ていましたが、二月末、急転直下「ゼネコンが嗅《か》ぎつけた。今後、取引はできない。すまないが契約を解除してくれ」と一方的に取引停止を申し渡されました。

私たちのことはともかく、まずは従業員とその家族の生活が最優先です。妻は常々「大和工業は小さいけど家族だよ」と言っては皆の面倒を見続けてきました。その家族を路頭に迷わせる訳にはいかない。悔しいけど、取引先二社に従業員を委ねました。この二月末を以て大和工業は一切の活動を停止しました。妻が一言「会社が大変な時に、何もできなくてごめんね」と、寂しそうにこぼした言葉に、涙を堪《こら》えなくてはなりませんでした。

大和工業が何らかの犯罪に加担していたとか、不当な手段で受注をしていたのならともかく、こんなことをして一体誰が幸せになるのか。正義の味方にでもなったつもりなのか。この茶番劇に関わった方々にお聞きしたいものです。

「暴力団博士」と出会う

そんな頃、あるネットニュースで「テキヤは暴力団ではない」という記事を見つけました。筆者は廣末登氏です。読み進めていけばいくほど共感をおぼえました。彼の著作を購入し、読んだことも思い出したことから、この人と会っていろんな意見を聞いてみたい、と思うようになります。そこで、意を決してFacebookからコンタクトをとってみました。

今回の問題で、議員も含め何人かに相談をしましたが、一般の人には内容がチンプンカンプンです。まして「テキヤ＝暴力団・反社会的勢力」なんて思っている人は誰一人いません。ただ一人、ある議員からは「何も悪くなくても、テキヤ組織にいたことが悪」とまで言われ、権力の側の考え方を知ることになります。

でも廣末氏は違った。様々な事例を挙げ、アドバイスをしてくれた。四面楚歌《そか》の渦中、とても心強かったですね。メールや電話をしていると、決まって妻が「九州の先生（彼女はそう表現していた）に迷惑だよ。忙しい人だから。あなた一人の先生じゃないよ」と言います。生きている時に廣末氏に会わせたかったですね。

今でも励ましのメールなど、時折頂きます。本当に感謝ですね。

二人だけの最後の戦い

二〇二一年三月に入ると、警察が動き出します。大和工業と取引のあった会社の人間たちを呼びつけ「大和はヤクザだ。知ってて付き合ってたのか」などと迫ったそうです。更に、今後私との交流を絶つように通達をしたとのこと。「死者に鞭打《むちう》つ」とはこのことでしょうか。

三月末には私の元にもある警察官から電話があり「会いたい」と言われました。四月二日、警視庁管内のある所轄署で会う約束をした矢先、妻が救急搬送、危篤になりました。四月一日から四日間、酸素呼吸器を装着し、襲いくる病魔、死魔との闘争。私も四日間、病室に寝泊まりし、祈り続けました。奇跡的に一命を取り留め、呼吸器が外れました。ですが、その後はコロナで面会すらできなくなります。

四月八日、先の警察官と会うことになります。このことを伝えると妻は「何も悪いことしてないいんだから、何を言われようと堂々としていなさい」と送り出してくれました。

意見の違うところもあったけど、一時間半ほど話して、最後は雑談して帰りました。何を言われても、男として、取引先との信義は守りたかったですね。結局、取引先には裏切られましたけど。

それぞれの旅立ち

四月二二日、妻が退院しました。介護の条件として医師に言われたのは、①訪問診療医の往診、訪問看護師の導入。②医療用ベッド、ポータブルトイレ、歩行器、室内用車椅子などの設置でした。私は、これら全てを用意して迎えに行きました。しかし五月六日早朝、また意識が混濁し、救急搬送され入院。数日間、人工呼吸器を装着され、五月一〇日、意識が戻りましたが、病院では何も食べられず、毎日食べられそうなものを作ったり、探したりして届けました。六月七日、退院が決まったものの、医師からは「最期は自宅で。ご主人の側で」との意味合いが濃かった。夜寝る前に人工呼吸器を装着し、午前三時頃に外すのが日課にもなりました。でも二人とも、決して諦《あきら》めたりはしませんでした。私も妻も、一瞬一瞬が勝負でした。

ですがとうとう、その日が来ます。六月二九日、血中酸素濃度が低下し、訪問診療医から酸素吸入の導入を提案されます。午後二時過ぎに機械が搬入されました。血中酸素濃度は上がってきましたが、なんだかいつもよりけだるそう。

そして六月三〇日午前〇時を回った頃、血中酸素濃度が八〇を切るほどまで低下。訪問看護師に指示を仰ごうと電話を持つと、妻が「どこへ電話するの」と言うから、「訪問看護師さんだよ」と答えると、時計を見て「もう遅いから迷惑だよ」と遠慮します。私は「でも何かあれば夜中でも連絡くださいって言ってたから、とりあえず聞いてみるね」と言いました。訪問看護師と話してる最中、妻の心拍数と血中酸素濃度がみるみる下がっていき、電話を切った直後、数字が消えました。それが〇時一五分。

　訪問看護師さんが到着し、着替えをさせてくれ、こう言いました。「ドラマや映画の亡くなり方は嘘です。今までたくさんの方を看取ってきましたが、あんな亡くなり方はありませんでした。でもそれに限りなく近い、見事な臨終でしたね。最後の最後まで人に気を遣い、生き方を貫いた人生でしたね」と。

　その後、訪問診療医が到着し、死亡確認が一時四六分。旅立ちの時間です。

　コロナ禍で満足な葬儀もできなかったけど、七月三日、葬儀当日は朝から土砂降りの雨。それが出棺の時刻には、まさかの快晴。思えば自分のことは二の次三の次。私と家族、従業員、仲間たち。他者に尽くし抜いた、思いやりの人だった。亡くなって尚《なお》、人のために天気まで変えてくれたんだなって思いましたよ。

　四十九日に納骨を終え、私も早く彼女の元へ行きたかった。自分で命を絶つ勇気もない。どうすれば楽に逝けるかな、なんて考えてました。すべて妻に依存してたから尚更ですね。でも最近、廣末先生をはじめたくさんの人たちに励まされ、生まれてきたからには、いつか死ぬんだから、妻のように立派に死ねるように、もう少し頑張ってみるか、って思うようになりました。きっと、妻から私に対する「最後の教育」だと感じます。「生きていくための原理原則はすべて教えたよ。あとは自分一人で、どこまでできるかやってみな」って、天国で笑ってる気がして。

これからの決意

私の楽しみといえば、妻と一緒に行く永ちゃんのコンサート、赤坂《あかさか》にある永ちゃんの「DIAMOND MOON」に行くことくらいでした。きっと、永ちゃんを観たり聴いたりして、私が喜ぶ顔を見るのが、妻の喜びでもあったと、今更ながら思います。

妻は、「一緒に温泉に行きたいね」、「河津桜を一度見てみたい」、「もう一度、富士の桜を見に行きたい」と言ってましたっけ。土日はバイがあり、平日は会務。会社を興してからは時間が取れず、どこへも連れて行ってやれなかった。病気が見つかる少し前からコロナでどこにも行けなくなった。そうこうしてるうちに、彼女は歩けなくなった。今となっては、元気なうちから、もっともっと彼女優先で考えればよかったと後悔ですよ。

妻は、若いころから、浅草寺の境内でソースせんべいを売り、どんなに疲れていても、私のために食事の支度や家事全般、尽くし続けてくれました。そして、人生で私にねだったものは、カイマンワニのショルダー・バッグ一個だけです。あとは、二〇一九年四月、彼女の誕生日に「DIAMOND MOON」に行った際、「私の誕生日だから、自分で自分にご褒美を買っていい？」と、一万四〇〇〇円の永ちゃんのシルバー・ネックレスを見て言いました。私は「何言ってんだい。今日は誕生日じゃないか。おれが買ってやるよ」と、言ったのを覚えています。彼女、すごく嬉《うれ》しそうな顔していましたっけ。本当は、もっとイイものを買ってやりたかったんですけどね。

昔、妻と三寸を並べてバイをしてた方に聞いた話ですが、彼女は「あなたを絶対に『男』にするんだ。そのためなら私は何でもする。何も怖くない」って言ってたって。泣けてきますね。男冥利《みょうり》に尽きます。

本当の意味の「強さ」、「優しさ」、「思いやりの心」。人生で大事なことは、すべて妻から教わった。元気な頃、こんなこと言ってましたっけ。「来世は、あなたはまた男で、私もまた女で。今度は、私があなたより少し遅れて生まれてくるから、必ず探してね。また巡り会って一緒になって、そして絶対に二人の子どもを授かろうね。幸せになろうね」って。生まれ変わっても、お互い「第一の戦友」同士でありたい。その約束を果たせるよう、今を一生懸命生きてやろうって思っています。

（二〇二一年一二月四日、二〇二二年二月一七日、三月一二日、一三日、四月二一日、五月三

日、四日「対面」、二〇二二年一二月二六日、二〇二三年一月九日、一月一六日、一月三〇日「電話」、五月二六日から六月二九日の間、「大和氏による原稿の加筆」)

注1 「西新井大師は五智山遍照院總持寺《ごちさんへんじょういんそうじじ》といい、真言宗豊山派の寺院です。天長の昔、弘法大師様が関東巡錫(じゅんしゃく)の折、当所に立ち寄り悪疫流行になやむ村人たちを救わんと、御自ら十一面観音像とご自身の像をお彫りになり、観音像を本尊にそしてご自身の像を枯れ井戸に安置して二十一日間の護摩祈願をおこないました。すると清らかな水が湧き、病はたちどころに平癒したと伝えられます。その井戸がお堂の西側にあったことから「西新井」の地名ができたと伝えられております」(西新井大師HPより)。

注2 西新井大師のHPには次のようにある。

縁日とは毎月決められた日にお参りをするといつも以上のご縁を仏様、神様と結ばれるという日です。当山にもたくさんの縁日がありますが、特に21日は弘法大師様のご縁日で、多くの参詣者が訪れ、露天商も多く出店します。(露天商9時より16時まで)

◎毎月8日:薬師如来御縁日(参列自由、1月休止・2月時間未定)

◎毎月21日：弘法大師さまの御縁日
◎毎月28日：不動明王御縁日（参列自由、1月休止・2月時間未定）
◎3月4月5月の21日は植木市を開催

注3　「浅草寺境内では、7月9日〜10日に有名な四万六千日ほおずき市が開かれる。この日にお参りすると四六、〇〇〇日ぶんの功徳を受けられるという。この縁日にあわせて市が立ち、ガラス風鈴つきの「千成ほうずき」を売る。入谷の朝顔市とならぶ、真夏の下町風物詩である」（那和秀峻『隅田川』東京新聞出版局、一九八七年、五一頁）。このような縁起物のネタを、テキヤでは「キワモノ」と呼ぶ。

注4　「浅草神社の例祭で、江戸三大祭のひとつ。正和元年（1312年）から始められたという古いお祭だ。当時は3月17日〜18日だったそうだが、現在は5月17日〜18日あたりの土・日が中心。初日の朝早く、三基の本社神輿を各基一〇〇人以上で担ぐ宮出しで開幕。中日は氏子の各町から出る一〇〇基以上の神輿による連合渡御で浅草寺裏手はいっぱいになる。そして、三日目夜の宮入りでクライマックス。「セイヤ、セイヤ」のいなせなかけ声が浅草寺一帯にひびき渡る。同じように見える神輿担ぎだが、よく見ると神輿も、担ぎ手も各町それぞれの特色がある。もちろん、人手がいるので、よその「助っ人」も参加。観光客による本当の「外人部隊」も見られるようになった。この間、浅草周辺は三社祭一色に塗りつぶされ、見物客も一体化する。また、中日には手古舞や木遣りの行列も通る」（那和秀峻『隅田川』東京新聞出版局、一九八七年、五五頁）。

注5　「浅草寺の境内には、さまざまな行事に併せて市が立つ。とくに、ながめるだけでも楽しいのが、12月17日～18日に開かれる羽子板市だろう。色とりどりの羽子板が露店に並び、年の瀬を彩る。実用本位の羽子板は安いが、押絵の入った化粧羽子板の価額は万の単位がザラ。それでも、縁起物だから売れ行きは良い」（那和秀峻『隅田川』東京新聞出版局、一九八七年、五一頁）。

注6　「毎年11月、酉の日に各地で酉の市が立つが、いちばん有名なのが、鷲神社の「お酉さま」だ。三の酉まである年は火事が多いなどといわれるが、そんな悪運をとり払い、幸運だけを掻き集めるのが名物の熊手。寒い季節にもかかわらず、夜遅くまで、熊手を買うお客で動きがとれないほど賑わう。熊手は年ごとに大きいのに買い換えるしきたりになっていて、古い熊手を持ち寄る光景も酉の市の風物詩だ。熊手の店は二〇〇軒もあり、それほど広くない境内で、入り組んだ通路を形づくる。大熊手が売れると、シャンシャンと手をしめる。商売繁盛のために買うお客が多いためか、大きな熊手でも飛ぶように売れていく。酉の市の行事の由来は不明だが、二〇〇年ほど前からという」（那和秀峻『隅田川』東京新聞出版局、一九八七年、三四～三五頁）。

注7　刑事部捜査第四課は、広域指定暴力団や外国人犯罪などを扱う部署。暴力団対策課いわゆる「マル暴」と呼ばれる部署。ただし、福岡県警では四課を「組織犯罪対策部」、「暴力団対策部」として独立させていた。

令和四年四月一日、警視庁は、組織犯罪対策部の改編に踏み切った。この改編で、長らく暴力団捜査の代名詞だった「（組対）四課」の名称が消え、対策を担う組対三課と統合して「暴力団対策課」が創設された。

警視庁によると、統合の理由は「多くの人に何をする部署か知ってもらい愛着を持ってほしい——。そんな考えから「わかりやすさ」をより重視し、「4」にこだわることをやめたという」（朝日新聞デジタル、二〇二二年三月一三日）。

注8　神農界はテキヤ社会、任侠界は侠客をはじめとするヤクザ社会。テキヤはヤクザを稼業違いと呼ぶ。筆者の解釈では、神農、すなわち、テキヤはものを売って商いする商売人。ヤクザは裏社会のサービス業である。

注9　毎年一二月半ばから年末に掛けて行われる。正月飾りの販売が主である。ガサの由来は、正月飾りを売る際に、ガサガサと音を立てること。

注10　ビル工事の際、コンクリート構造物の壁面や床面等をエアーコンプレッサーやチッピングハンマー、グラインダー等で削る、壊す、切る作業を指す。アスベスト等の飛散性有害物質除去作業もハツリ工事の内に含まれる。

第二章　戦後縁日史——帳元の娘の回想

江東三寸帳元の娘の話

うちの父親は、もともと人形師でした。生来のやんちゃ坊主で、子どもの頃に、喧嘩《けんか》しない日はなく、いたずらしない日が無いくらいだったと聞いています。小学校の半ば頃に、屋根から飛び降りては、叱られていたそうですが、ある日、その飛び降りでケガをしてしまい、片足を切断しなくちゃなんないようになりました。なんでも、傷口が酷《ひど》く、壊疽《えそ》を起こしたとかで、外科手術で切り落としたそうです。

ただ、片足を失ったから性格も丸くなったなんてことはありません。後日談ですが、昔なじみのお巡りさんが「みっちゃんが生まれてからは、少しはよくなったが、あの気性は死ぬまで変わんないだろう」と言っていましたっけ。私は、父が四〇歳過ぎて生まれた子なんです。兄が二人いますけど、これは、母親の連れ子です。

母は、父のところに嫁いでくる際、子どもを実家に預けて来たそうです。母に子どもがあることを知っていた父は、「子どもはどうしたんだ」と、母に尋ねたそうです。母は、「実家に置いてきた」と答えたそうですが、「どうしてそんなことするんだ」と言って、二人の子どもを呼び寄せたそうです。母が置いてきたのは、下の子どもが障がい児だったからだと思います。戦時中ですから、父のお荷物になると思ったのでしょう。しかし、父としては、自分の手元に置いて、何とかしてあげたかったという気持ちがあったようです。この弟に関しては、後で話しますが、よくも悪くも、彼のお陰で私がテキヤ稼業を引き継ぐことになりました。

兄の方は、至って普通の子どもでしたから、テキヤ稼業にも入らず、高校を出るとセメント工場に就職しました。

私が三歳の時に、弟が生まれました。彼は、子どもの頃から父とは折り合いが悪く、父から「お前は付録だ」と、いつも言われていました。結局、二〇歳で宮田の家を勘当されて終《しま》います。

私もおぼろげに覚えていますが、たとえば、美味《おい》しいお菓子があったとしたら、弟は「これ、オレんだから食べちゃダメだよ」と、周囲に公言して独り占めします。父は、そういう性格が大嫌いでした。私には、常日頃から「美味《うま》いもの食べるなら、人に見せんじゃねえぞ。押し入れの中で食ってこい」とか「美味いもの食ったからって、人に言うな。人は、そんな話聞いてもチッとも美味しくなんかねえんだ」と、言っていましたから。

折り合い悪くとも何とか弟は父と同じ家で暮らしていたのですが、勘当になってしまったのは、私が父の露店の売り上げ管理を任されていた時でした。私は、お金をズク（一〇枚単位）で纏《まと》めて、銀行に入金に行っていました。ある時、銀行の窓口で「八枚しかない」と言われたことが始まりです。私からしたら「エッ。ちゃんと数えているのに」という驚きしかなかったのですが、事実、窓口で数えてみると足りないのです。そういうことが度々あり、弟がお金を抜いていることが分かったのです。

この件については、父から「お前がヌカっているからダメなんだ」と叱られて見て見ぬふりをしてくれていましたが、私が二〇代のある日、四月一日だったと記憶していますが、弟が何かやらかしたのですね。それが父の逆鱗《げきりん》に触れて、勘当されちゃいました。弟は、定時制高校の同級生で付き合っていた女性のところに転がり込み、結婚して現在に至っています。

父親は片足がありませんから、戦争に取られずに済みました。片足といっても、松葉杖《づえ》があリますから、日常的な活動はできたそうです。この松葉杖は、床の間の柱を作る銘木屋から枝ぶりのいい木を買ってきて、自分で製作したようです。松葉杖は父の身体の一部でした。私自身もそう思って育ちました。子どもの頃、父と一緒に歩くとき、手をつないでくれる父の手はありませんでした。ですから、私は松葉杖に手を掛けていた記憶があります。子どもの私にとって、この松葉杖が父の手だったのです。

片足しかありませんから、困るのは履物です。父は、雪駄《せった》に足袋《たび》というスタイルでしたから、雪駄で足袋が滑ると転んで終います。ですから、父が出かける前には、濡《ぬ》れた雑巾《ぞうきん》で足袋を湿らすことが、うちでは恒例になっていました。雪駄は左右関係ないですが、足袋だけは片足余って終います。そこは、ちゃんとリサイクルできるもので、家の近所にあったプレス工場のオジサンが、靴下じゃあ物足りないが、足袋なら抜群にペダルが踏めるというので、足袋がある程度溜《た》まったら、工場に持って行っていました。

戦争中は、男手が足りませんから、父のような障がい者でも随分と役にたったそうです。

というのも、戦後、うちで商売していると、戦中にお世話になったらしい人たちが、父にお礼を言いに立ち寄っていました。そんな時、本人は、「へえ、そんなこともあったかい」なんて言って、知らぬ顔の半兵衛《はんべえ》を決め込んでいました。

テキヤ稼業は闇市から始まった

私は、一九四七年九月八日、戦中に疎開先だった長野県八ヶ岳《やつがたけ》のふもとで生まれました。そのせいでしょうか、あっけらかんとした性格は、子どもの頃から変わっていません。長野県には、一歳までしか居ませんでしたから、記憶に残っていません。気づいたら、戦後の荒廃した東京の墨田《すみだ》区中之郷《なかのごう》の下町に住んでいました。

物心ついた家は、父親の手作りです。ここは、疎開する前に住んでいた家ですが、戦争で焼けちゃって、何にも残っていませんでした。父は、すぐ目と鼻の先に製氷会社があったことを覚えていて、夜に忍んで行ってはそこの機械や建材を、勝手にちょうだいしてきていたそうです。その機械を地中に埋めて、建材を使い最初の家を建てました。それは、隙間風が入るあばら家でしたが、焼け野原の東京で暮らすには、十分すぎるほどの我が家でした。

家の間取りですが、父親の仕事場——これは、人形をつくる仕事場と、茶の間、そして離れもありました。離れには、祖母が暮らしていました。トイレばかりは外に作っていましたから、冬は辛《つら》かったです。

手先が器用な父は、家だけでなく、何でも作っていた記憶があります。近所の子どもには竹とんぼなどいろんな玩具《おもちゃ》なんかも作ってあげていました。ただ、機械仕掛けは苦手だったようです。たとえば、ラジオの調子が悪いと「叩《たた》けば直る」という信念のもと、派手な音を立てて叩いていました。真空管ラジオの時代はそれで良かったのですが、この信念はトランジスタラジオになっても変わらずでした。

ある時、若い衆が我が家に新品の柱時計を寄進してくれたことがあります。すると、この時計が一週間もしないうちに動かなくなりました。貰《もら》いものだし、若い衆が来て止まってちゃあ具合悪いので、近所の時計屋に持ち込んでみてもらうと、時計の機械に爪楊枝《つまようじ》が入っており、それが歯車を止めていました。どうやら父の仕業らしいと思い、帰ってから「お父さん、この時計、爪楊枝食べてたよ」って言うと、「そうか」と言うだけで澄ました顔をしています。多分、父はその機械を直すつもりだったのでしょう。単純に、ゼンマイを巻き上げるということを知らなかったようです。

あるいは、私が中学に入った時、叔父《おじ》が万年筆をくれたことがあります。立派な箱に入っていましたから、きっと高級品に違いない。私がその万年筆を、ためつすがめつ見ていると、「お前、どんなの貰ったんだ。見せてみろ」と、父が言うもんですから、何気なく渡したところ、「なんだよ、こんなやつ」と言いながら、道具箱を漁《あさ》っています。どうするのかと思って見ていると、「こういうの先っぽに付いているからダメなんだよ」と訳知り顔でいいながら、万年筆の先端――一八金の丸い玉になったペン先を、真剣に砥石《といし》で削っています。しばらくして、「よし、これでいいんだよ」と、私にペンを返しました。後でインクを入れてみたところ、インクがダダ洩《も》れで使い物にならなかったことがありました。父は、万年筆を知らず、付けペンと間違えていたのでした。

父の本業は、人形師です。もともとは、本所で人形の店をやっていた家に生まれています。これは、祖父の代から私の家に伝わる家業なのですが、その家業では、戦後の動乱期に食べることができません。人形なんか並べていても食べて行けませんから、テキヤが一番良いと言って、家族を食べさせるために父はテキヤの仲間に入ったそうです。

もっとも、父がテキヤに入ったのは、戦後の動乱期に家族を食わせるためであって、好きで入ったのではありません。だから、父の遺品の人形師名簿を見ると、父の名前もあったはずですが、その部分（墨田区）は、破り取られています。闇市の時代に、父が何を売っていたのか語ったことはありません。ただ、テキヤになっても、基本的に商売は人形でした。昔からの馴染《なじ》みだったからでしょう。材料問屋は、定期的に私の家に来ては、勝手に材料庫の膠《にかわ》などを追加してくれていました。

父の人形作りに対する執着といいますか、愛情といいますか、情熱でしょうか、その気持ちは、江戸川乱歩《えどがわらんぽ》の小説に出てくるような、生き人形を見た時に感じました。父は何度も「大したもんだ」と何度も言っていましたから、これが本当に父が作りたいものなんだと、合点がいきました。

それから、父は、暇を見つけては赤子の生き人形を作っていましたが、壊しちゃあ作り、作っちゃ壊しを繰り返していました。終いには子分の若い衆たちが、「おやっさん、この人形だけは作り上げないでくれ、こいつが出来上がったら、おやっさんが死んじまうから駄目だ」と言っていましたよ。

家族は養わなきゃいけない。人形は作りたい。父は二足の草鞋《わらじ》を履いちゃったから、いろんなことを背負いながら生きてきたと思います。

江東三寸の帳元に推される

家を建てたり、増築したり、改良したりしている内に、昭和二九年、父親が加入していた「江東三寸《こうとうさんずん》」というテキヤの親方が他界してしまいました。父親なんか、テキヤ業界に入って、ほんの数年でしたが、先輩から「お前が代の跡目を取れ」と言われて、江東三寸の帳元（親分）になったと聞

東京都認可の
街商協同組合の会員証

いています。もっとも、歴史の浅い父が、古参の人たちを差し置いて跡を取ったことに、仲間内でやっかみがあったことも事実だったと、後に聞きました。

戦後の動乱期から高度成長期にかけて、いろんな事がありました。テキヤの親分なんかしていると、地元じゃ顔ですから、知らない人が飛び込んできます。「帳元、仁義の切り方を教えてください」なんかもありました。「お前さん、今どき仁義なんか切らなくってもバイはできらあな」とか言いながらも、寅さんのような変な節回しの仁義を教えていました。もっとも、子どもの私には、早口で何を言っているのか、分かんない言葉でしたけど。

あるいは、親子が「死ぬしかない」と言って来たこともあります。なんでも、お父さんは学校の先生をしていたから学があったようですが、身体を壊して仕事を失ったそうです。

その親子を、父はしばらく眺めていましたが、こう言いました。「おまえさん死ぬんだね。そうかい。じゃあ、何でもできらあな。明日、山に行って教えてやるから、カブトムシとクワガタを取って来いよ。売り方も教えてやっからさ」と。

実際、その親子は、山でカブトムシとクワガタを集めて、暮らしていました。その後、水チカ（水風船）の商売を教えたようです。このチカは、仕入れ値が安いんですが、縁日では定番商品ですから、売れたようです。この一家も、しばらく父の仲間になってテキヤでしのいでいました。もちろん、死ぬことはありませんでした。

ただ、これは父の口癖でしたが、「この商売、いつまでもやってんじゃねえぞ。どんどん辞めていけ。カネ貯めたら、すぐに辞めろ。二度と、こっちの世界に来るな」と言って、辞めた人間が訪ねてくることを禁じていました。もちろん、若い衆も辞めた人間を訪ねて行っちゃダメというように教えていました。自分がテキヤで生涯を終えたくせに、人には常々「露店という字を見てみな。露の店だぞ。こんな商売、五年やっても、一〇年やっても世の中で何の役にも立たねえんだ。生活の方策が立ったんなら、早いとこ辞めちまえ」と言っていました。

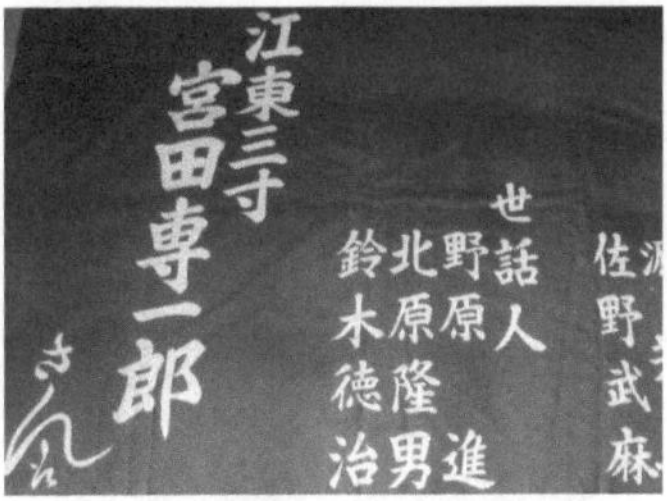

江東三寸の染め物。
連名で祭りの際に掲げる

しかし、一方で、「世の中には、ここでしか生きれない人間もいる。そいつらは、おれみたく不器用な人間なんだよ。そのままほっといちゃ、悪さする。ここに括《くく》り付けときゃ何とかなるし、お上の世話にもなりゃしねえ」と、入りたい奴は仲間に入れ、その代わり（テキヤの稼業人に）仕立てたりはしないというスタイルを通していました。「ここに括り付けときゃ」というのは、テキヤの中には上下関係があるから、少々の悪ガキでも何とかできるという意味だったと思います。

テキヤ組織のようなところで、人間を纏める帳元という立場の人間は、そりゃあもう大変な苦労をすると思います。ちょっとしたことで、因縁のひとつも付けられかねません。[注1]何といいますか、人間力が不可欠なのではないでしょうか。

結核を患い入院して大暴れ

父が表社会の権威とぶつかった時の話をしましょう。

私が一〇歳位の時、父が五〇代前半だったと思います。この頃、博打場《ばくちば》の空気が悪い中にいつも居ましたから、父は結核を患いました。体格もみるみる半分位になってしまい、やせ細っていました。子どもの私からみてもただ事ではありません。病院でレントゲンを撮ると、肺が真っ白だったと聞いています。

本人は、自分がいないと若い衆が困るから、病院に入院するなど以《もっ》ての外と考えていたようです。しかし、若い衆に説き伏せられて、四人くらいの若者に引っ張って行かれました。事前に病院には連絡をしていたらしく、移動式のベッドが病院玄関に用意されており、看護師さんが待機していたらしいです。五人が病院に到着したとき、「どなたが病人ですか」と尋ねられたと、若い衆が言っていました。なぜなら、レントゲンの写真の状態から、とても歩いて病院に来れない状態だから、車で来ると思っていたとのこと。

父が入院してくれて、私たち家族も若い衆も一安心でしたが、ここからが病院にとって問題の始まりです。いわゆる最悪のヤクネタが入院したんですから。

この病院は、都立病院で、結核患者は大部屋でした。父は入院して一週間もしないうちに問題を起こしました。「栄養士を呼べ」と言ったのが、問題の始まりです。そして、栄養士に「あんた、この飯を俺の前で食べてみろ」と迫ったそうです。「どうだ、人間の食いもんじゃあねえだろう。こんなん食ってたんじゃあ、治る病気も悪くなる」と言って、病院の池に（病院食を）捨てて終ったようです。そして、院長にも同じセリフで改善を迫ったそうなのです。

そして、父は、病室の人にカネを渡し、コンロ、鍋《なべ》、牛肉を買いに行かせ、病室の者皆で牛鍋を作って食べていたと聞きました。宗教熱心な人は、牛鍋組には入らず、熱心に祈っていたらしいですが、「結核がお祈りで治るんなら世話ねえや」と、牛鍋を勧めていたようです。

いま考えたら、父はおカネも持たずに入院しましたから、牛肉はおろかコンロや鍋など買えるはずがありません。多分という想像の域を出ないんですが、院長が幾らかのおカネを握らせていたのじゃないかと思います。

私は、父が好きな天ぷらを持って見舞いに行っていました。父は、おカネがあるときには、腹巻の中におカネを入れていましたから、勝手に腹巻の中に手を入れて探ると、病人時代はいつもおカネがあるのです。そこから、小遣いをくれましたから、率先してお見舞いに行った記憶があります。

たまに、病室に行くと、布団を被《かぶ》って寝ているような時がありました。お天道様が高いうちから寝るなんて人じゃないので、近づいてみますと、布団の中に枕を入れてドロンしていました。そんな時は、パチンコ屋に行っていました。そうじゃない時は、病室で賭場《とば》を開いていたようで、勝ったカネで「肉買って来い」と言っていたと同室の方に聞きました。負けた人も、勝った人も肉にありついていたそうですが、負けた人は「その肉、俺のカネで買ってきたのだからな」と、悔しがっていたとのこと。父は「病院食なんざ食わなくていい。これ食っとけば病なんか治っちまう」と、大きなことを言っていました。終いには、その階の他の病室の人も肉を食べに集まっていたそうですから、病院には大変な迷惑をかけてしまいました。

父は、案外早く退院しました。子どもは小さいし、ばあさんも居るし、死ねないと思ったんでしょう。正味一年くらいで退院しました。その後は順調に体力が戻りましたから、若い衆も喜んでいました。ある若い衆なんかは、鯉を釣ってきては、鯉の血は結核にいいんだとか、体力増強になるとか言って、それを親父さんに飲ませてくれって言われたこともあります。

お陰様のテキヤ稼業

テキヤはテキヤとして、みな想いがあったようです。自分だけがよけりゃいいというんじゃなく、自分たちがバイ（商売）できるのは、帳元のお陰だと言います。私ら父の家族からしたら、病気が治ったのは、若い衆のお陰なんです（そもそも若い衆が連れていかなけりゃ、病院に入院したかどうかも怪しいもんです）。テキヤは皆で支え合い、お陰様でバイをしながら生きている共同体みたいなものでした。

こういうこともありました。テキヤの人たちは、お酒を飲む人が多いので、胃がんなんか患って早死にする人もいました。たとえば、父を病院に連れて行った若い衆も、父より長生きしたのは、五人のなか、一人か二人くらいでした。

ある日、いきなり家に棺桶《かんおけ》を持ってきた人がいたから、「なんですか、縁起でもない」とビックリしていたら、「帳元から電話があって、旅行先で何某《なにがし》が死んじゃったらしいから棺桶を用意しといてくれ」と言われたというのです。葬儀は父が仕切っていましたから、こういうことも起きるのです。そこは、旅に出ていようが、どんなに忙しくても、父は帰ってきて手厚く仏さんを弔っていました。

父が退院してしばらくすると、同じ病院だったという人たちが、家にお礼に来るようになりました。何人かは、父の下で働きたいと頼み込む人もいましたが、父は、「あん時ゃ、あん時で終わりだよ」とか、「こんな商売、あんたがするもんじゃあないよ」と言って、取り合いませんでした。まあ、なんといいますか、無茶をやりますが、人を引き付ける魅力のある人間だったようです。だから、年季が浅いにもかかわらず、江東三寸の帳元として、跡目に推されたのじゃないかと思います。

「三回目は捨てる」という子育てのルール

父は四〇歳くらいに母親と一緒になりました。これは、祖母の面倒をみていた妹を、嫁に出してあげないといけないからという配慮があったと思います。母は、二人の子連れで嫁いできましたが、父は、はなっから自分の子であったかのように、区別なく育てていました。

自分の妹は嫁に出さなきゃと頑張ったくせに、私に対しては、いわゆる「花嫁修業」なんて一切言わない。そして、「お前は、どうやっても生きて行くだろうからいい」などと呑気《のんき》なことを言っていましたっけ。

ただ、ひとつだけ父親から怒られた――いえ、大きな声を上げて怒るわけじゃないんです。三回言って聞かないと、どんなに高価なもの、大事にしている物でも捨てられたという経験はあります。父は、普段から「床にものを置いちゃあだめだ。上に載っけろ」と言っていました。一回や二回は口で言います。同じことを三回すると、どんなものでも黙って捨てられてしまいます。記憶に残っているのは、習字セットを捨てられたことです。子どもの将来を考えた時に、その時に学ぶか学ばないかが大事だから、高価、安価の関係なく、三回目やったらゴミ箱行きというルールを課していたのだと思います。この「三回目は捨てるよ」というルールは、後々、私も身体にしみこんでいたようです。私の弟の嫁、つまり義理の妹は、わが子に対して、玩具《おもちゃ》で遊んだら「かたしなさい（片づけなさい）、かたしなさい」と、言っていました。理由は、私が捨てちゃうからです。

玩具で思い出しましたが、父のお仲間さんのオジサンが、私たち子供に玩具を持って来てくれます。人数分ある時はいいのですが、高価な玩具などの場合、一個しかないこともあります。すると、父が捨てちゃうんです。これにも父なりの理由がありました。あるとき、仲間のオジサンを叱っていましたが、そこで、玩具を持ってきたらいけない理由を述べていたことを記憶しています。父は、馬鹿野郎と一喝した上で、こう言いました。

「おめえ、考えてもみな。一個の玩具じゃ子どもたちは取り合いするじゃねえか。子どもはな、高価な玩具なんか与えなくても勝手に工夫して遊ぶもんなんだよ。なきゃないで、なんとかすらあ。子どもの平和を乱すのは、気の利かない大人なんだよ」

父親に敵《かな》わないなと感じたエピソードがもう二つほどあります。新しいニワ（馴染みのない神社）で商売した時のこと。うちの隣がスイネキ（水あめ）でした。こういうネタには、子どもたちが群がってきます。その中の一人の子が草履履きで貧しそうでした。その子は、お金がないのか、他の子がアメを買っているとき、三寸の天板上に、他の子が買ったアメから滴り落ちたオコボレを、指に付けて舐《な》めていました。私は深く考えずに、父にこう言ったんです。「ここのニワはダメだね。子どもがさあ、落ちたアメを舐めてんだよ」と。すると、父はひどく怒り、「馬鹿野郎。テメエ、何で買ってやんなかったんだ」と怒鳴りました。この出来事は、半世紀を経た今も「心に刺さった棘《とげ》」となっています。

これは怒られたことではないんですが、私は二〇代の頃、日常的に父の人形作りの手伝いをしていました。材料を捏《こ》ねて型に入れてゆくのです。この工程は、生地を抜くと言いますが、バンジュウ（薄型の木製運搬容器）の上に、型を五〇個くらい並べておいて乾かします。それを少し高い位置にある上げ板に乗せようとしていたら、私の腕力には重すぎて落としてしまったのです。

思わず「アッ――！」と、声が出て終いました。すると父は、振り向いて、少し心配そうに「お前、ケガしなかったかい」とだけ言いました。もちろん、ケガなんかしやしませんが、その時は恐れと驚きで、頭の中が真っ白でした。間違いなく大目玉くらうと覚悟していました。だって、父の労力と時間と材料費を無駄にしてしまったんですから。しかし、父は怒んなかったんです。それよりも私のケガを心配してくれました。この時ばかりは、「この人には敵わないや」って、心底思いました。

博打で負けるも付き合いのうち

とはいえ、家の家計はいつも火の車です。子どもに玩具なんか買ってやる余裕はありません。父も母に対して、「おれが居ると、幸せになれないぞ」と、いつも言っていました。母は「あたしは、お父さんが居るからなんとかやっていけてるんですよ」と返していましたが、父が七二歳になって鬼籍に入ってから、その意味が分かったような気がします。

幸せになれない理由は、「博打」でした。これは、テキヤさんたちは小旅行を兼ねて、温泉旅館などで花会（博打旅行）を開きます。父は親分ですから、行かないわけにはいかなかったと思います。負けが多かったのですが、勝った時は、その利益を物に換えて周りに配っちゃうんです。だから、家に帰るころには、すっからかんになっています。たまに、使いきれないことがあると、母に渡して「旨《うま》いもの買ってこい」と言いつけます。

これは父の主義だったようで、汗水垂らして得たおカネはキレイに遣う。「博打のカネは、見た目は一緒だが、欲にまみれたカネだ。だから、さっさと遣っちまうんだ」と、言っていました。実際、その主義を死ぬまで曲げませんでした。

後年、庭に敷く砂を買いに行った際、そこで働いていた方が、父の行きつけの博打場で、下足番をしていた人でした。この人が、私に「姐《ねえ》さんじゃないですか。お久しぶりです」と、駆け寄ってきて、父の思い出話をしてくれました。

彼が、博徒見習いとして下足番をしているとき、「大きなしくじり」をやったと思って、青くなっていたそうです。それは、父の雪駄が片っ方しか見つからないからでした。帳元の雪駄を失くしたなんてことになったら、それは大変です。本当に震えていたそうです。そりゃないでしょ、片足は木の棒きれなんですから、雪駄は履けません。その事実が分かったときは、腰が抜けそうになったし、自分のおっちょこちょいぶりに腹が立ったそうです。

その彼の慌てぶりが父には面白かったようで、彼の話をすると、「バカ野郎、あいつは可愛いやつなんだ」と、言っていました。それから、いつもこの子を呼んでは「タバコ買ってこい」と言って、大枚のカネを渡していたそうです。「いいか、タバコはひとつ箱だぞ」って注文つけて、お釣りを渡そうとすると、小さな声で「とっとけ」というのが常だったようです。この当時、博打場の下足番なんかやってても見習いですから、おカネはまともに貰えません。この「とっとけ」で、その子は随分と助かったと言っていました。「三寸の帳元には、本当に可愛がっていただき、お世話になりました。その後、ヤクザからは足を洗いまして、このカタギの商売やっています」と、砂袋を運んでくれました。

私が小学校の頃から、四回も引っ越しました。その度に家が小さくなっていきます。とはいえ、人形は売れていました。決しておカネが入ってこないわけではないのですが、父が博打でスッてしまうからです。

ある時などは、近所の大工さんに頼んで、建て増しするための材木を集めてもらいました。その材木は、家の裏手に置いていたのですが、その材木を使う前にオケラになって、家の建て増しどころではなくなっちゃったんですね。結局、その材木は、近所の人が買って、その家の建材になるという塩梅《あんばい》です。

もっとも、博打で勝つこともあります。懐具合のいい時なんか、私を連れて銀座《ぎんざ》まで散歩に行きます。これは、大きくなってからの出来事ですが、当時では一流店だった日本堂《にほんどう》のショーケースを見ながら、「これ、いいじゃねえか。お前、気に入ったんなら、この（マネキンの）上から下まで買って来いよ」などと言い、私に札束を渡そうとします。「お父さん、なに言ってんのよ。無理してそんなもの買わなくていいよ」って言いますと、父は「どうせ、持ってたら（博打で）スッちまう。お前が、欲しいなら買って来いよ」と言います。服や宝石など、別に欲しくありませんから、買ってもらったことはありません。

ただ、父は、普段から着物に雪駄というスタイルですから、冬場は角袖《かくそで》（外套《がいとう》）を、毎年デパートでオーダーしていましたし、夏場は、六月の父の日に、必ず母が浅草にあった大野《おおの》屋《や》の生地で作っていました。さらに、何か出事があった時に備えて、着物専用の下着は、更の新品が数枚必ず用意されていました。
子どもの頃から、こんなことの繰り返しです。私の家は、貧しいけれども、時々はおカネがある。貧乏かと尋ねられたら、あまり自覚はありません。ですが、父の博打については閉口していました。

「家借りるなら買っちまえ」

テキヤ仲間の「盆暮れの旅行」ですが、これが曲者《くせもの》です。ただ、父は帳元として付き合わないわけにはいかないのです。旅行から帰って来た父を見て、「ああ、また引っ越すのか」という残念な気持ちになったことなんか、度々でした。
小学校三年くらいの頃ですか、ボロ家を買いました。家族総出で、その家をキレイに整備します。ここで、父が博打をして負けちゃいます。すると、その家を売らないといけなくなりますが、時代背景もあり、買った時の倍くらいの値で売れるのです。父はチャッカリしていましたから、駅から近い物件を探すようにしていました。それも、借家ではなく、必ず購入していたのです。「家賃を払うのはいけねえ。息災のときゃあいいよ。でも、病気やケガして働けなくなっちまったら、家賃が払えねえじゃねえか」と言うのが口癖でした。

父は引っ越したら、まず、その家の建具は全て捨てて新しくしていました。外から見てボロっちい家でも、フスマや障子、畳を新調すると新居に見えるものです。「表からどう見られようが、中がキレイだったら居心地がいいんだよ」と、引っ越しの度に父は言っていました。

どんなボロ家でも、駅からアクセスがいいと後で転がせる。つまり、経済が上向きで世間の景気がいいと、売るときは高く売れることを父は知っていたのでしょう。

でも、四回目の引っ越し。最後に引っ越したのは、一〇〇年前に建てたんじゃないかと思えるボロ家でした。ここは、長屋のようなところでしたが、一一坪の二階家でした。不動産屋（父にカブトムシ売りを教えて貰った一家の主人）は、「みっちゃん、この家はいけないね。もう、三年しか住めないよ。三年過ぎるまでに新しい家を見つけるから」などと言っていましたが、結局、三〇年も住むことになりました。

帳元の娘が就職する

この頃からでしょうか。私も中学を卒業していましたから、「自分のおカネを貯めたい」と思うようになりました。そこで、中学を卒業すると、一六歳から鍋などを作る工場で働くようになりました。工場では、可もなく不可もなく仕事をしていました。

あと、会社内では、私は変な存在だったかもしれません。組織の決まりごとやルールがつまんないものに思えました。お昼は昼食休憩がありますが、ただお昼をつかうのもつまんないと感じていました。だから、音楽を流して欲しいと提案したこともあります。実際、館内スピーカーを通して音楽を流してくれました。

そうして少し目立っていると、会社は組合員にしようと画策します。まだ若い私でしたが、社会や組織を徐々に理解してきました。「巻き込まれたくない」という気持ちが芽生えてきました。連帯は嫌だった。何かやるなら、最初から一人でやりたいと思いました。なぜなら、様々な人が集まって、いわゆる烏合《うごう》の衆が集まると、当初の目的が変わってしまい、私利私欲のるつぼと化してしまうことを、規模は小さいながらも幾例も見てきたからです。ただ、私は、環境を良くしたいとか、何か変化を求めただけでしたから、連帯を組んで何かをしようという気持ちにはなりませんでした。

別に目的があって働いたのではなく、おカネを貯めるために働きましたから、三年目目前には飽きてきて、三年と二日で退職しました。この二日は、先輩の入れ知恵です。失業保険は一日足りなくても支給されないので、二日間はオマケとして出勤しました。

当時、私のような年齢の子は、居るだけでも会社から引く手あまたでした。職安に失業保険の認定日に出所すると、「どこに面接に行ったか」とか、「あんた、働く気あるの」とか、胡散臭《うさんくさ》げに質問攻めです。もちろん、道々見てきた看板や電柱に宣伝してある企業名を、面接に行って落とされた企業として記入していました。先輩からは「一回目は支給されるけど、二回目以降は厳しいよ」と言われていましたから、私の中で「満額貰うまで頑張ってやる」という変な目標が立てられていました。この時、駆け引きを楽しんでいました。支給認定には、父を病気にして診断書を持って行ったこともありました。もちろん、診断書は、知り合いのお医者に書いてもらった本物です。

三回目の認定日に出かけると、窓口のオジサンから「あり得ない」と言われ、怒鳴られました。普通のオジサンの怒鳴り声など、父に比べれば蚊の鳴く程度。テキヤの親父には敵いません。結局、この窓口のオジサンの怒りは、私の次に並んでいた中年の紳士に向けられることになりました。私は、受給可のハンコをもらい、帰り道にケーキを買って帰ったことを覚えています。失業保険を満額貰ったお祝いに。

短い会社員人生で稼いで貯めた数十万円のおカネでしたが、父の「出せ」の一言でゼロに戻りました。こりゃあ、博打を止めさせないとどうにもならないと、根本的なことに思い至ったのはこの時です。博打に行くか、私の方に来てくれるか勝負だねと、考えたのです。これが、以降、当面の間、生きる課題になりました。

父と娘の静かなる闘い

正月はテキヤの仲間内で博打旅行があります。これは、例年、箱根《はこね》の旅館と決まっていました。私は帳元の娘として、父が恥ずかしくない一張羅を着て、旅館に父を迎えに行きました。タクシーで旅館に着くと、取次の人が「帳元でしたら、お帰りになりましたよ」と言います。収穫もなく駅に向かったら、父が待っていました。どうやら途中ですれ違い、若い衆が私を見ていたので、待つことにしたようでした。「お父さん、お疲れ様です。迎えに来ましたよ」と言う私を見る父は、少し照れ臭そうでした。

盆暮れは旅館でしたが、ふつうは民家で博打をやっていました。仲間の家ですから、住所は一覧を見れば分かります。私は、電車で現地に向かうことが多かったです。駅で降りたら交番を探します。そこで住所を言って地図で教えてもらいます。すると、まあ、どういう人が住人なのか、お巡りさんは分かっていますから、若い娘が一人で行くのは不安だったのでしょう。「付いていきましょうか」と心配してくれます。私としては、博打場に警官に踏み込まれたら困りますから、丁寧にお断りしていました。博打をしているお仲間からしたら、私の行動は危なっかしいものです。だから、この頃から私にあだ名がつきました。「ヤクネタ」と。

料亭などでも博打の会が開かれていました。そんな時は、若い女性がウロウロしていたら

東京三寸睦会の旅行（博打）集合写真（右側、最後列より２列目、右から３人目が帳元）

目立ちますので、バス停で待つようにしました。父が旅館から出てくると、「お父さん、お疲れ様です。迎えに来ましたよ」を敢行します。父も徐々に「俺が博打に行くと、この娘は付いて来やがる」と思うようになったようです。ある時などは、「馬鹿野郎、あと三〇分早きゃよかったのに」と言われたことがあります。

それまでは知りませんでしたが、博打をしていて、特に父のような帳元の立場の人は、「勝っている時は上がり難《にく》い」のです。だから、私が行くと上がりやすいのです。「三〇分早きゃよかった」というのは、三〇分早ければ「勝っていたのに」という意味だったのです。

会社で働いてみて、自分の稼ぎはたかがしれている。父の出費を抑えることが家の為になる。だから、「迎えに来ましたよ」作戦を考えましたが、これも功を奏したとはいえません。

最終的に、銀行の通帳とハンコを出して、「この中で博打のやり繰りをして下さい。これより遣っちゃうと、また家を出て引っ越しをしないといけなくなりますよ」と父に伝えたところ、「馬鹿野郎。俺が負けると決めつけやがって」で終わりました。私の方法では糠《ぬか》に釘《くぎ》ということが分かりました。

母親が、よく私にこぼしていました。「自分で汗水たらして働いたカネを父親に差し出して博打に行かせるあんたの行動が理解できない」と。父の博打癖（といっても、私はテキヤの帳元としての付き合いが理由だったと思っていますが）は、夫婦喧嘩のもとでした。働いているのに生活が苦しくなる。博打には負けるし、自分の周りに困っている人が居たら、おカネを気前よくあげてしまう。母からすると、「家のおカネは父だけのものじゃなく、私たちも働いて得たおカネなのだ」という思いがあったようです。だから、母は腰巻一枚買うにも気を遣っていたのに、父ときたら湯水のように有り金を遣ってしまう。だから、夫婦喧嘩になるんです。

「あんた、表しか戸はないじゃないの」

母が苦情を述べても、父はダンマリを決め込んで、てんで相手にしません。母親は腹の虫が治まらないものだから、洗い物しながら瀬戸物に当たります。大きな音を立てるんですが、父は「またやってやがる」と言って苦笑していました。この台所におけるささやかな抗議のお陰で、私の好きだった茶碗《ちゃわん》は割られていました。もっとも、喧嘩が激しくヒートアップした時は、父も激高して「このやろう、出て行け。表からじゃねえぞ」と言ったこともありました。すると、母は「あんた、表しか戸はないじゃないの。あたしゃどこから出たらいいんだい」と、平気な顔して返していたのには笑ってしまいました。

ある時は、母がとんでもない高価なヤカンを買ってきたことがあります。私が、「お母さん、どうしたの。こんな高いもの買って」と言うと、「どうせお父さんが遣っちゃうんだから」と言っていましたっけ。

実は、これは私の記憶にないのですけど、私が小さい頃、両親が喧嘩を始めたら、「これからみっちゃんのダンス」と言って、柱の周りを歌いながら回っていたそうです。

ただ、うちの両親が喧嘩を始めると、とにかく声が大きいものですから、近所が静まり返るのが常でした。近所の人たちも「また始まった」くらいのものだったのでしょうが、私ら家族からすると、恥ずかしいんですよ。「近所に聞こえるから、その辺で止めてくれる」と言ったこともあります。私も心の中で笑っていましたけど。

ここが両親の偉いところですが、カミナリが鳴ってザッと雨が降ったあとは、カラリと晴れるのが常でした。喧嘩が一段落すると、父が母を誘って近所の中華の料理屋に連れだって行って仲直りしていました。むろん、これは夫婦だけの時間でしたから、私ら子どもは付いて行ったことはありません。

両親が還暦を過ぎて喧嘩しているとき、私は、面白半分に父に提案したことがあります。「そんなに喧嘩ばっかしてんのだったら疲れるだろ。あの婆さんはボロボロでもう使い物になんないよ。もう、ここらで別れちゃいなよ」って言ったんです。すると、父は、「あのガタがきた婆さんとはな、焼夷弾《しょういだん》の雨の中を逃げ回った仲なんだから、そんなこと言うもんじゃねえ」と、明後日《あさって》の方向を見ながらポロリと口にしました。

戦時中、川崎の工場の住み込み管理人をしていた時に、その工場が空爆の標的にされ、逃げ回ったことがあると聞いていましたから、当時のことを思い出して言ったのでしょう。その一件以来、少なくとも私の前では夫婦喧嘩をしなくなりました。

次兄へのアドバイスがテキヤ稼業の入口だった

私の母には連れ子が居たと話しました。長兄は学校を出るとセメント工場に就職しまして、稼業とは違う普通の人生を歩んでいました。問題は、次兄です。昭和九年生まれの彼は、少し障害があり、吃音《きつおん》も持っていました。年頃になると、酒を飲むようになり、両親の頭痛の種でした。

父の商売があるときは、店づくりの道具や人形をリヤカーに積んで手伝ってはいましたが、普段は飲んだくれで、手に負えません。なぜか金を持っているので、「その金はどうしたの」と聞くと、「拾った」などと平気な顔で返してきます。平気で嘘もつきますし、謝る道を知りませんから、困ったものです。頭にきた父が「出ていけ」などと言うと、保護された挙句、警察に付き添われて帰ってくる始末です。

ある時、見かねた私が「あんた、職安に行った方がいいわよ」と、気軽に吐いた言葉が、(この時は知る由もありませんでしたが) 私にテキヤのバイの道を歩ませることとなったのです。

この私の助言を素直に聞き入れた次兄は、本当に職安に行きました。すると、どうでしょう。たまたま彼にピッタリの求人があったじゃあ、ありませんか。段ボールを組み立てる仕事で、直ぐにでも入ってくれる人を探していたのです。なんでも、人手不足が深刻で、その会社の人が職安に来て、声を掛けていたようです。

話はとんとん拍子に進み、次兄は、工場に住み込みで働くことになりました。つまり、正社員として就職しちゃったんですね。ちなみに、この仕事は、彼の天職だったようで、定年退職するまで続きました。

よほど居心地がいい職場だったのか、野球チームに入っていたようです。ただ、彼は、お金の管理能力とか、そちらの才能がありませんから、給料入って金を手にしたら、それは酒を飲むものだと考えてしまうようです。ちなみに、女性がいる飲み屋は、彼の好物だったようです。使えば無くなるのがお金です。金が無くなると、実家に無心の電話が入ります。そんな時は、彼を近所の喫茶店に待たせておき、「お父ちゃんはね、あんたが仕事しているって思い、安心しているんだよ。だから、心配かけんじゃないよ。だから、うちに来るときは、ちゃんと床屋に行って、こざっぱりして来るんだよ」って言い聞かせ、お金を渡していました。

さて、次兄が就職して巣立ったのはいいことですが、父の商売の荷物運搬人が居なくなったことは大問題です。自分の助言が原因でこうなったのだから、自分で始末をつけないといけません。かといって、女の私がリヤカーに荷物を満載して引っ張る姿も絵になりませんから、自動車免許を取りに行く決心をしました。この時、私は二三歳（一九七〇年でした）、以降、七年間は、父の商売の荷物運びをすることになります。

免許を取るといっても、私は斜視だから内心は心配していました。しかし、言った以上は責任があります。継続は力なりで、毎日教習に行く……つもりでしたが、お祭りがあると父の手伝いがありますから、免許を取るまで半年間かかりました。

あるとき、教習所で、車の実技指導で横に乗る教官から「何の仕事してんの」って聞かれましたから、「父の露店です」というと、その教官は父の名前を尋ねます。そこで、正直に言うと、「おやじさん知ってるよ」といい、「テキヤのアンちゃんは、教習の実技は、俺を指名してくるよ」と、昵懇《じっこん》らしく得意顔です。そして、「なんだ、こんなに時間かけちゃって、俺を指名してりゃあ、とっくに免許取れてるのに」と、妙に優しかったことを覚えています。今の時代では考えられませんが、警察もテキヤもある意味つながりがあり、まかり通っている時代があったということですね。

テキヤのショバ入りと母のバイ

免許を取得してからは、家からお祭りのショバまでは、車で荷物を運ぶようになり、楽ちんでした。人形が売れない夏場は「造花」、「ほおずき」や「羽子板」といったキワモノ（縁起物）でバイをしました。秋から冬、春に掛けては人形を売りました。

神社やお寺のショバに着くと、三寸を組み、商品を並べるのは私の仕事。販売は母の担当です。大酉《おおとり》（酉の市）など大きなお祭りの時は、父が座っています。お客が冷やかしで「この子可愛くない」などと言うと、「へっ、手前の面だったら、売りもんになんねえよ」などと、大きな声で悪態をついて、へいちゃらでした。でも、父からしたら、内心は裏腹なんだったと思います。だから、売り子はしなかった。「俺は、売っている人形のすべてに納得しているわけじゃあない。それでも図々《ずうずう》しく金をとるんだから、恥を売っているんだ」って言っているのを聞いたことがあります。

お祭りのバイで、フランクや焼き鳥、電気（綿菓子）、ゴランネタ（金魚やお面）は、まず「まけて」なんて言われません。ですが、私らのように人形なんか扱っていると、まず「まけて」と交渉されます。すると母は、「まけらんないよ」など野暮なことは言わずに、「今度お願いしますね」と、受け流していました。

後年、私がバイをしている時、たしか、大酉さんだったと思います。蝶《ちょう》ネクタイ締めた紳士が、大勢の若い人を連れてきたことがありました。私は、その人を（名前は憶《おぼ》えていませんが）、テレビで見たことがありました。有名人だったのでしょう。この紳士が、「姐さん、これまけて」と言い、一体のお人形を手にしました。熊手は値札を貼りませんが、人形は値札を貼っています。

この時に、母の使っていた「また今度お願いしますね」を使ってみました。すると、その蝶タイ紳士は、「いま使った言葉がいい」と言って、正札通りのお金を払ってくれました。その紳士の財布からは、かぐわしい香水の香りがしましたし、中には手の切れるようなピン札がギッシリ詰まっていました。

この「また今度お願いしますね」を試運転した結果が、お客の財布の紐《ひも》を緩めたことは事実です。要は日本語の使い方なんです。「まけて」と言った相手を傷つけず、私のプライドも保てます。この一件以来、私は「これは使える」ということで、「また今度お願いしますね」を多用することになりました。

人形作りは職人技「知りたいと思ったら盗め」

お祭りがありバイができるのは、毎日じゃありません。小規模なバイには、父は同行せず、母が販売しますから、父は家で人形を作っていました。一回抜く（生地を抜くことから）と、五〇体の人形ができます。生地は、胡粉《ごふん》（牡蠣《かき》殻の粉）と膠を練り合わせたものです。膠は、暑い時には多め、寒い時には少な目と、微妙に配合を変えないと、きれいに仕上がりませんし、腐ります。その練り合わせた生地から、胴体、頭を五〇個、手足一対を五〇組、パーツが六個揃って一体のお人形が完成します。もちろん、しばらく乾燥させてからじゃあないと、組み立てや色付けはできません。乾かしてから小刀細工で表面の凸凹をならし、口の形を入れて行きます。そこから、上等なキメの細かい胡粉で化粧をし、膠で再度上塗りし、人形の表面に膜を作って劣化を防ぎます。

一番難しいのが目を切ることです。これは、ガラスの目玉を入れることですが、小さなガラス片に黒目を書いて、人形にセットします。これが細心の注意を必要としますから、凄《すさ》まじい集中力が必要になるんです。ミリ単位で間違うと一体がパーになりますから。

人形つくりのフィニッシュは、「毛ふき」です。人形の頭に膠を塗って毛をふく（付ける）。毛を付けた状態ですと、貞子《さだこ》みたくお化け状態です。そこから、髪をセットして前髪を切りそろえると、愛らしいお人形の顔が見えて完成となります。毛ふきは、実際、お人形の頭に「フッ」と息を吹きかけて髪を拡げますから、大きな祭りでは、父が実演して人寄せしていました。

このように、一体の人形が完成する背後には、生地を抜いて、型を取り、乾燥させ、上塗りし、目玉を切り、毛をふいて、カットするという、ひとつひとつが高度な技術を要求される工程があります。

父は、私にこれらを教えることはしませんでした。「知りたいと思ったら盗め」ということです。苦労して体得した技術、仕事は手放さないという意識があったのではないでしょうか。だから、私は、父が人形を作っている時、よく観察していました。そして、手を動かす、指を使う動作に無駄が無いことを見て取り、いつまで見ていても飽きませんでした。

この手が、人形を作って七人の人間の食い扶持《ぶち》を生み出し、人を養ってきたと思うと今更ながら感心したものです。「まるで、お金を自分で印刷しているようなもんじゃないか」とも思ったことがあります。

父が口癖のように言っていた言葉を思い出しました。

「（技術を）自分の身につけて終えば、泥棒も火事も怖くないんだよ。手に付いた職は盗《と》られないだろ。だったら、なくなんないし、燃えやしないよ」

テキヤの葬式じゃあ、ちらしちゃダメ

父が働くと人形を作るからカネになる。しかし、遣いみちが分からない。どうにかこうにか生きていけた時代、仲間の付き合いと、遊び半分で博打していた。しかし、孫が出来た時、

その負の連鎖、「稼ぐ、打つ、負ける」という連鎖が止まりました。おカネが孫に行くようになったのです。子どもは見る見るうちに育つのに、ベビー靴をオーダーしたりしていた記憶があります。孫にはすべて一流のものをという感じで、おカネがモノに遣われるだけ、マシになったのかもしれません。

博打に関しては、もうひとつ、大きな転機がありました。父が亡くなる数か月前のこと。六月だったと思いますが、テキヤ仲間で静岡県に旅行する「盆寄り」の少し前、縁日のとき、テキヤ仲間の言葉を耳にしました。それは「娘が稼いで、オヤジが博打で遣うんだな」という一言でした。これを聞いた私は、私が負の循環を止めなきゃと思いました。早速、店番していた母に、「私、商売したくなくなっちゃったけど、お父さんに言っていいかな」と尋ねました。母は、ためらいもみせず「いいよ」と言ってくれました。私は「これからお父さんに話してくるね」と言い置き、その足で家に帰り、父と相対しました。

急に帰って来た上に、父の前に正座した私は「お父さん、これからも博打するでしょう。また家を引っ越さなきゃなんなくなるよ」と、静かに話しました。どうなられるかなと思っていたのですが、父は「もういいんだ。博打なんか行かなくっていいんだよ。あんなところ、行かなくったっていいんだ……お前が商売を辞めることはない。旅行にはお前が行ってこい」と、しみじみと言いました。そして、黙々と人形を作り出しました。

私はテキヤの本所と深川支部を束ねる帳元として、父親の立場も分かりますので、本当に父には申し訳なく思いました。結局、この盆寄りには私と母が行きました。もちろん、博打は抜きですが。父はというと、体調を崩したという理由で欠席。兄と一緒に千葉にあったバラ園に行って来たと記憶しています。

父もこの当時は七〇代になっていましたから、若いころのようには付き合いができなくなっていたことも事実です。父の晩年に、若い衆として入ってきた人は、女のヒモで食っている者、とりあえず食いつなぐために厄介になっていた者などばかりで、昔日のような、仕事もできて、人間的にも器量がある若い衆は数えるほど。彼らも年老いていました。良い人たちは、若くして父より先に逝ってしまいました。お酒で肝臓を悪くすることが、一番多かったように思えます。

昭和五一年の暮れの一二月二八日、不動様のお祭りで「納めの不動の日」でした。父の仕事場の座布団をふと見た私は、「お父さん、二度とこの場所に座んないな」という気がしました。実際、この日から父の体調がぐんぐん悪くなって、一月一日に病院に行く始末です。とにかく、体温が上がらない。私の悪い予感は的中し、仕事場の座布団に父が座ることは二度とありませんでした。

予感はあったものの、父が昭和五二年一月一五日（当時の成人の日）、鬼籍に入った時、一番慌てたのは、他ならぬ私でした。長兄はカタギの会社員ですし、次兄は到底対応など無理です。組内を見渡しても、後継者が育っていないのです。そりゃそうでしょう。父の口癖は「金ができたら辞めちまえ」でしたから、跡取りを育てようなどという気は、これっぽっちもありませんでしたから。

そこは、父も心得ていたようで、晩年は「本葬密葬がいい。あれが一番安上がりだし、一瞬で終わっちまう」と、よく口にしていました。実際、その通りにしましたが、そこは伝統ある（神農）業界ですから、葬儀は一瞬でしたが、慌ただしく、それでいて秩序を保った濃密な時間でした。

葬儀の委員長は、他家名の親分にお願いしました。金ができたから辞めちまって、葬儀会社を立ち上げていた若い衆に電話して、段取りを組んでもらいました。

問題は会葬者に来てもらう斎場ですが、それがわが家です。それが一番の心配事だったのです。なぜなら、その時は二階建ての持ち家だったとはいえ、十数坪の広さです。会葬者を少なく見積もっても、到底、入りきれません。仕方ないので、近所の家にお願いして、葬儀の間は旅館暮らしをしてもらい、そこのお宅を使わせてもらうことにしました。私の親戚《しんせき》筋は、テキヤをやっている人は居ませんから、二階に押し込めて、できるだけ出てこないようにと釘を刺しておきました。

会葬に来る人たちは、父の生前の仲間だった人がほとんどですが、義理で来る人もいます。そりゃあ、中には火のないところに火を付ける人もいるかもしれませんから、こちらに手抜かりがあっちゃいけないのです。その時の私からしたら、親戚なんか二の次三の次で、どうでも良かったんです。

それでも、親戚には目を光らせておかないと、とんでもないことをやらかします。たとえば、嫁が気を遣って出前を頼んだのですが、それが「ちらし寿司《ずし》」だったんです。テキヤの葬式じゃあ、ちらしちゃダメ。そのちらし寿司と、お頭つきのシシャモも、私が全て捨てました（シシャモもお斎《とき》の際は肉魚にあたる動物性食品のため食せない）。

「あんたね、気持ちはわかるけど、この世界にゃ決まりごとってのがあるんだよ。ひょんなことから、因縁付けられたらどうすんだい。お父ちゃんが火葬されるまでは、生もの（刺身）は絶対に食べちゃダメだからね。お骨になったら、好きなだけ食べられるから、少しの間くらい辛抱できるだろう」

このように、言いたくないことも口にしました。

まだあります。会葬者が来ますから表玄関は開けっ放しにしていました。もちろん、若い衆の出入りがありますから、裏口も開けています。そうすると、親戚連は、「寒い」といい、勝手に裏口を閉めてしまいます。何回かは私が気づいたので開けていましたが、いい加減、頭に来たので一喝もしました。

「いいかい、今日は成人の日だよ。本来テキヤは書き入れ時なんだ。それを、商売放って（東京の小正月一五日から一八日は、バイができる）、お父ちゃんを送るために駆けつけて手伝いしてくれる。それもロハ（無料。ただ）でだよ。寒いくらいがなんだい。一番我慢しなきゃなんないのは、私たち、親類じゃあないか」

そりゃそうですよね。若い衆なんか、一月の寒空の下、駅前からボロ家の前まで、一日中、立ちっぱなしで頑張ってくれているんですから。


太陽は空にだけではなく、下町に住む人たちの心の中にあった

親戚なんてそんな具合ですので、私の家族では、母以外、会葬者などの対応が出来そうな人がいません。だから、急遽《きゅうきょ》、近所のおばちゃんたちに助勢をお願いしました。おばちゃんたちは、「なんだか怖いねえ」などと、はじめは及び腰でしたが、いざ準備となると、それは手際よく分担し合い、竈《かまど》の火を絶やすことなく、微に入り細に入り、痒《かゆ》いところもないような心遣いをしてくれました。

会葬に来てくれたのは、何も同業者ばかりではありません。長兄の勤務先の社長さんも来てくれました。さすがにテキヤの人たちと一緒に食事なんかとってもらう訳にはいきませんから、食事を作ってくれているおばちゃん達の部屋で昼食をつかってもらいました。すると、私と立ち話した時、「あ――美味かった。生まれてこの方、あんな美味いもの食べたことがないよ」と言ってくれた時は、一瞬、疲れた身体が軽くなった思いがしました。何食べたのかわかりませんが、「ぬたあえ」じゃないかと思います。

主に料理やお茶出しを担当したおばちゃんたちが、後日、葬儀が終わってから「怖い怖いと思ってたけど、いい人ばかりだね」と言ってくれて、ほっとしたことを覚えています。

そりゃあ、そうでしょう。おばちゃんたちは、会葬者や若い衆たちに気を遣う。若い衆は、おばちゃんたちにお菓子なんかをどんどん運んできては、「お疲れ様です」「ご苦労様です」と頭を下げます。彼らが運んでくるお菓子は、彼らなりに厳選したものです。テキヤの彼らは、口が肥えていますから、そりゃあイイものを買ってきます。そこには、なんて言いますか、下町の人情長屋みたいな空気があり、テキヤも、長屋のおばちゃんたちも関係ない、一体感のようなものが生まれていました。

ただ、頭が痛かったのが、葬儀期間中が祝日で銀行が開いていません。コンビニはおろか、ＡＴＭなんて便利なものがそこらへんにない時代ですから、料理の材料から酒屋、寿司屋の代金支払いに苦労しました。そこは、一旦、若い衆に立て替えてもらい、領収書で精算するか、つけにしてもらうしか仕方ありませんでした。

結局、葬儀は三日かかりました。会葬者は三〇〇人を少し超えるくらい来てくれたと分かりました。葬儀の間、私は、自分の家から一歩も出ていませんが、その人たちからは、「すごかったね。駅着いたらさあ、袢纏《はんてん》着た人たちがズラッと並んでいるし、花輪なんかも数えきれなかったよ。まず、なかなか見れない光景だね」と言われました。

三日の葬儀、私は一日にも一週間にも思えたほどでしたが、そこは、同業の人たちや、近所の人たちのお陰で、大過なく終えることができました。その時の感想を一言で言うとしたら、「お金をかけてもできない葬儀だった」ということじゃないでしょうか。父の生前、長年付き合った人たちとの付き合い方、人間関係の上にこうした素晴らしい葬儀ができる。私は、自分なりには父の葬儀を無事に終わらせたいという思いはあったが、実際は、何もできない。周りの人は、テキヤもカタギもなく、自分のことを棚上げして手伝ってくれる。その温かさがとても有難いと感じました。そして、会葬者の人たちからは「すごかったよ」「お宅の葬式はすごかったね」と、後々まで近所の口の端に上ったのは、テキヤ、カタギを超えた下町人情の結晶だったと思います。

葬儀を終えると、葬儀委員長をしてくれた他家名の親分から呼ばれて、「諸々《もろもろ》の支払いも終わっている。これがお礼のリストだから、あとは、ここにある酒（これは親分が用意してくれていました）をもって、みっちゃんが挨拶《あいさつ》に行けば終わりだよ。大変だったけど、よく頑張ったね」と、言われました。私なんかは、来客対応しかしていません。一番大変だったのは、親分さんだったはずです。そのようなことはおくびにも出さず、私の苦労ばかりを労《ねぎら》ってくれました。葬儀委員長の采配《さいはい》のお陰で、お金も数百万円残してくれましたから、当分、生活に困ることもなく、父を偲《しの》ぶことができました。

ごみごみとした下町には、あまり太陽の光が差しません。でも、太陽は、下町に住む人たちの心の中にちゃんとあり、周りを温かく照らしていることを知りました。この時ほど、下町に住んでいたことを有難いと思ったことはありませんでした。

人形師になるために試行錯誤

父が亡くなりましたから、家の稼ぎ手がいなくなりました。私としても悩みましたが、父の作った人形も残っていますし、長い間、父の作業を見てきましたから、ここは見よう見まねで人形を作ってみるかと思いました。何より、帳元の娘ですから、売る場所は確保できる。売り方もわかっている。上司や同僚が居ないからイジメもない。何より、競合のバイをしている人がいないというメリットがありました。

ただ、この時の本音は、人形作るの怖いし、自信もなかったから、父の人形の在庫がなくなったら終わりにしようと考えていたのです。

いざ、自分が人形を作ってみて、人形作りが、傍《はた》で見るほど簡単なものじゃあないことは、すぐに思い知らされました。まず、一番難しいところですが、目が切れません。これは、ちょっとでも失敗したらオジャンです。黒い瞳《ひとみ》もなかなか大きく描けませんから、寂し気な顔になります。さらに、髪の毛がちゃんと付かないのです。父は、毛吹きを見せ場にして人集めに使っていましたが、私が髪をつけると禿《は》げていきます。

父が居なくなってから人形を作り、（父の死から九年後に）母が居なくなると、縫物もしなくてはいけなくなりました。それは、人形に着せるミニチュア和服をつくるためです。家事をしながら人形を作る。縁日があるとバイをする。家族で分担していた作業を、すべて私がやらなくてはいけないわけです。作業をしていて睡魔が襲ってくるとセデスを飲んでいました。これを飲むと目が冴《さ》えます。だから、作業台には、セデスの一番大きなビンがおいてありました。

まあ、その時思っていたのは、仕事している間は老後がない。現在が大事だし、現在しかない。明日ポックリ死んでも悔いが無いようにしようということでした。

父亡きあと最初のバイ

最初のバイは、西新井大師の縁日（特に毎月二一日に露店が多く出る）でした。自分が作った人形は、父の人形と比べると、それはもうお話になりません。ですから、父の人形の陰に、そっと出来の悪い人形を置いておきました。

すると、通りかかったお客さんが、並んだ人形から、私が作った不出来な人形を見つけて、「まあ、この子は寂し気で、薄毛でどうしたの」と言い、私に「この子売れないわよ」と言います。私としては、穴があったら入りたい心境でした。お客さんは続けて「かわいそうね、私が連れて帰ります」と言って、本当にお代を払ってくれたのです。

いま思い返すと、このお客さんの一言が私を人形作りの道に進ませたのだと思います。「ダメだから買っていく。そんな良い人いるの？」というのがその時の感想でした。このお客さんの一言は、人間のやさしさに触れた気がしました。「あたしもそうなりたい」と、思わせる言葉だったのです。

人形作りを始めて三年間ほどは試行錯誤の日々でした。三年目くらいから、やっと自分なりに納得できる人形作りができるようになりましたが、それまでがいけません。

人形を作るのは、同時に人の心も作っているんですね。というのも、一人で人形を作り始めた当時、人形作りが上手《うま》くいかないと、私は、母に当たっていました。おかずに文句を言ったり、ささいな事を見つけては、嫌な事も言いました。すると、母は、「私が家に居ることで、みっちゃんの気を散らしているんだよ、きっと」と言って、弟の家に泊まりに行ってくれました。あるとき、弟の嫁が母に対して、「姉さんって、ワガママなのよね」と言ったそうです。これを聞いた母は、私を「かわいそう」と思ったそうなのです。そして、三日ほどで弟の家を出て、自宅に帰ってきました。

母に気まずい思いをさせたのは私だ。自分が行き詰まったら身近な人に当たる小さい人間だったんだと、帰ってきた母の顔を見て、猛反省しました。自分の弱さに腹が立ちました。越えるべき壁は、技術ではなく精神力にあると悟ったのです。

この頃を境に、私の中で、人形作りにおける考え方が変わりました。

父との関係は長かったけど、それは人生全体から見たら一時に過ぎない。私の人生はこれからだ。安定した生き方もありだけど、凹凸のある生き方も楽しいかも。子どもは作んなかったけど、たくさんの人形を作ろう。そしたら、どこかのお客さんの家のいい場所に飾られていると思う。人形作りは、誰かと競っている訳じゃあないから、平和でいられると、いつも自分に言い聞かせていました。

バイをしていて、いい日もあれば悪い日もあります。私は、父の手先を思い出しながら、暇さえあれば人形作りに励み、縁日があれば三寸を組み続けました。すると、浅草でも亀戸でもお客さんと会います。そして、「あなた、腕を上げたわね」と声をかけてくれます。私は、当初自分で作った人形を、お客さんの家に置いておくことが気の毒でしたから、「昔売った人形を返して下さい。新しいお人形と交換しますから」と言いましたが、「いえ、あの子は私の家に置いておきます」と言われます。

こうした時、私は感謝と言いますか、感動と言いましょうか、なんとも言えない気持ちになりました。未熟な自分が作った人形をずーっと持っていてくれて、毎回、人形の顔を見てコメントしてくれる。お金をいただいて、お客さんから褒めてもらって、お客さんも喜んでくれる――いやもう、こんないい仕事が世の中にあるんだと思いました。

縁日で店を出し続けると、常連さんが増えてきます。そして、あんな服がいい、こんな柄がいいとか、注文を口にされるようになりました。私の人形は小さいので、着ている服はいろいろと工夫できます。父の時代は、大きい人形を作って、金になるという発想でしたが、人形の大きさは、父とは違う私のスタイルでした。

小さくてもお洒落《しゃれ》な服を着せて、沢山飾りたいという心理を狙ったわけではないですが、結果的にそうなっちゃいました。これまでは、お人形の着物は派手でしたが、思い切って地味な柄にしたら、却《かえ》って売れたりもしました。お客さんは、着物で買ってくれたんです。

中には、あーじゃねえ、こーじゃねえと、無理難題を言う人や、洋服を着せてくれという お客さんもいましたから、なかなか厄介だったのは事実です。しかし、自分が作っている人形を、私の納得もさることながら、お客さんが納得して選んでくれるかも商売では大事なことだと、様々なリクエストから学びました。

前金も契約書もない、ご縁による商売

お客さんの中に、都内のある薬品会社に管理職で勤めている方がいらっしゃいました。この会社の専務が退職するので、社員から記念の品を贈りたいということになったそうです。皆で話し合った結果、「専務は物持ちだから、一風変わったものを贈ろうじゃあないか」ということになり、そのお客さんから注文が入りました。「専務は大のテニス好きだから、お人形にテニスの格好をさせてくれないか」というものです。その方も、和の人形に洋装させることは申し訳なさそうでしたが、私は、二つ返事で引き受けました。

結局、お人形にセーターを着せてアーガイルのソックスを穿《は》かせることで、私なりに「テニスっぽい」雰囲気を出したつもりでした。すると、それを贈られた専務さんをはじめ、社内でも「かわいい」との評判を得まして、追加で三組の注文を頂きました。

他にも、ベルギーの人から「三社祭風のいなせな格好にして欲しい」など、まあ、様々な注文がありました。お客さんは色んな意見を放ってくれます。そうした要望に一つひとつ応《こた》えてゆく日々。気づいたら二三年間も人形を作っていました。まあ、こうした個別のニーズに対応できるのは、私が人形作りから販売までを一貫してやっていたおかげだと思います。

注文を受けても前金を取る訳でもないし、契約書を交わす訳でもありません。そこには、縁日を通して出会った、人形の作り手とお客さんというお互いのご縁で商売が成立していました。でも、お客さんの要望通りに作ったものの取りに来なかったなどという無責任なことは、一回もありませんでした。

一期一会の出会いと思わぬ再会と

二三年の間、人形を作り、縁日でバイしていると、様々な人間ドラマを経験します。ある時、プーちゃんの袋（プー太郎の持つズダ袋）を持ったオジサンがお店に来て、人形をちょうだいといいます。

私から聞いたわけじゃないですが、オジサンは「おれさあ、こないだまで、スーパーのゴミ箱漁って頭突っ込んでた人間なんだよ。でもね、通りがかった奥さんが『オジサン、そんなことやめて、うちに来て働かないかい』って言ってくれたんだよね。だから、おれそこで（材木屋）仕事さしてもらったよ。するとね、飯も食えるようになってさ、ゴミ箱漁んなくてもよくなった。ねえさんの売ってる人形、昔から見てたんだよ。で、欲しいなあって思っていたんだよね。今日はさ、やっと買えるようになったから、買いに来たんだよ」と前置きしながら、ピン札を出してお人形を買ってくれました。

このオジサンには、後日談があります。それから二年後くらいでしょうか。また、縁日でバイをしていた私のところに訪ねてきました。オジサンが言うには、「ねえさん、おれ、ここにはもう来ないよ。だって、おれのこと孫夫婦が見つけてくれて、一緒に住もうって言ってくれたんだよ。だから、遠くに行かなきゃなんない。だからさ、今日は大きいの（大きな人形）貰って行くよ」と言って、またまたピン札で支払ってくれました。

あるいは、こういうこともありました。ある奥さんが、お金を握りしめて露店に来たことがあります。そして、お目当ての人形を指さして、「これちょうだい」と言います。手渡されたお金が汗ばんでいます。奥さんは、少し恥ずかしそうに「わたし、毎年、この縁日に来ててね、お宅のお人形欲しいと思っていました。でも、お金を財布に入れると生活費で遣っちゃうんで、裸銭でごめんなさい」と言うんです。そして、包んだ人形を手渡すと「今日はあんたを抱いて帰るもんね」と、人形に話しかけています。奥さんの顔は、少女のようなあどけないものでした。

この奥さんも、普段は子育てや旦那《だんな》さんのお世話できっと大変なんだと、私は思いました。でも、お人形を抱いてこんな嬉《うれ》しそうな顔をしているんだから、いま、本音で喋《しゃべ》ってくれたんだろうなと、一期一会の中に感動を覚えた一幕でした。

ある時は、べっ甲の眼鏡に値が張りそうなジャケットを羽織った初老の紳士が来て、「へえ、日本人形か、かわいいね」と言って、並んだ人形を目を細めながら見ていました。しばらくして、べっ甲紳士が「おねえさん、寒くないのかい」と口にしました。師走《しわす》の縁日で、その日は曇天の寒い日だったのです。その紳士は重ねて「これ全部売れたら帰れるの」と、私に言います。私は、「ありがとうございます。でも、仕事ですから、全部売れても帰れませんよ」と返しますと、「じゃあ、一番高いのどれだい」と言い、財布を取りだしました。この紳士は、結局二つ買ってくれたんです。すると、周りにいた他のお客さんが「かわいい」「私も買おうかな」と言うと、（その紳士からすると、全くの他人ですよ）「お嬢さん、どれがいいんだい。おれが買ってやるよ」と言い、次から次へと私にお金を渡します。

しばらくすると、秘書みたいな小綺麗《こぎれい》な女性がべっ甲紳士の横に来て「お待たせしました」と頭を下げています。これで、彼の歳末お客様大サービスは終わりました。私は一瞬の記録的な売り上げに驚くと同時に、「あの紳士は、お金持ちだけど寂しいのかな。もしかしたら病気かしら」などと、様々な妄想が頭をよぎりました。浅草はピンキリです。様々な人間模様がある不思議な場所です。

こんなこともありました。赤坂のクラブでもやってるような和服姿のママの二人連れが、並んだ人形を熱心に見ていました。一人のママが「おねえさん、一万円以上の人形を二つ買うんだからさ、負けなさいよ」って言います。私は「負かりません」と言い、もう一回言われたら「また、お願いしますね」と返そうと考えていました。でも、そのやりとりの中で、なんか「セコさ」を感じなかったのです。そのママがもう一度「何とかしなさいよ」って言うもんだから。「分かった。じゃあ、おねえさんの言い値にします」と、つい口に出ちゃいました。すると、「ありがとう。頑張ってね」って、四つ折りにしたお金を、私の手に握らせて人ごみに消えて行きました。

「あの人、なんでわざわざお金を四つ折りにして渡したんだろ」と、訝《いぶか》しみながら開いてみると、中には五〇〇〇円多く入っていました。私が人形を薄紙で包んでいる間に、お金を折っていたのです。こういうことなのかと思いました。花街という厳しい世界に生きる女性と、テキヤでバイする女性と、お互いの心が触れ合った刹那《せつな》の出来事でした。

これは、少し変わったお話ですが、浅草のバイをしている時、若い美大の学生が三寸の前に立ちました。全身、真っ黒なファッションで、眼が印象深い青年だったことを鮮明に覚えています。

彼は「ぼく、人形を作ることにしたんです。知人に話を聞いておいでと言われました」と切り出しました。さらに「いま、足袋の小鉤《こはぜ》を作っています」と言います。

「すごい人形を作っているんだね」と返すと、彼の生い立ちから色々な話をしてくれました。なぜ、私のところに来たのかという理由は、杉並《すぎなみ》のパトロンが私のことを教えたからだそうです。このパトロンさんは、おそらくお客さんだったのでしょう。「人形をつくる心構えや理由を聞いてみなさい」と言ったようです。もっとも、私は父親から「盗め」と言われて人形作りをしましたから、ただ「人形が好きだから」と言う程度で、そんな難しいことを彼に伝えることはできませんでした。

その彼が、一〇年後に浅草に訪ねてきました。その時は五歳になる息子の手を引いています。「ぼくが分かりますか」と言うので、「いつかの美大の学生さんだろ」と言うと、彼は相好を崩して、「覚えてくれていて嬉しいです。あれから一〇年経ちました。いまは〇〇（誰でも知っている大手の企業）のモデル人形を製作しています」と懐かしそうに話します。私もまさかここで再会できるとは思っていなかったし、彼が人形作りの大手に入って頑張っていることや、結婚して子どもができたことを知り、時の経つ早さに改めて驚きを感じました。そして、大きな人形を買ってくれました。後日、私の人形との出会いが、一生の仕事を決める大きな切っ掛けになったという内容の手紙も頂きました。

縁日という人間交差点

このお話はお客さんではなく、隣の露店にいた女の子の彼氏のお話です。

浅草でバイをしていた時のお話です。隣の銀杏《ぎんなん》売りの三寸にバイトの女の子が入っていました。その子の彼氏が店番したり手伝ったりしていたのですが、態度がいかにもスネたような印象を受けました。たとえば、私が朝に店開きする時に挨拶してもダンマリなんです。けれども、なんか愁いを帯びたような悲しげな眼をしていましたから、私が飲物などを買うと、彼らの分も買ってあげていました。そうしていると、ある時、彼がガムを買ってきてくれたんです。そして「おれの名前分かるか」と言い、「単純な名前だろ」って教えてくれました。そこから、彼と話すようになったのです。何でも関西から流れてきたそうです。

「おれは関西から来てんだ。親父はヤクザだったんだよ。お袋は、おれが一歳の時分に男作って逃げちゃった。親父はおれが一〇代の時に死んじゃったから、おれは天涯孤独なんだ。父親は東京の出だったからお骨を寺に納めに来たってわけ。そしたらさ、親父の家がいい家柄だったみたいで、坊さんが小遣いまでくれたんだよ」

そう、身の上話をしてくれました。

それから、東京で女の子をナンパして暮らしていたようで、最近、銀杏売りの女の子に行きついたようです。確かにその男の子は、女にもてそうな整った顔立ちをしていました。

「どんな生活してんの」って突っ込んだ質問したら、「女がソックスまで穿かせてくれるんだぜ」と自慢げに言いますから、「あんた、それはやり過ぎだよ」とか、たしなめるようなこともできるようになっていました。

ある日、「おれの（不良）仲間の先輩がムショから出て来て九州に帰るんで、見送りに行ってくる」と言い置いて出て行ったものの、一向に帰ってきません。その日のバイも終わろうかという頃に、彼女の携帯に連絡がありました。なんと、銀座線で浅草まできたものの、浅草寺に辿《たど》り着けないというのです。彼女に「そこら辺を歩いている人に、浅草寺ってどう行けばいいですかって尋ねさせなよ」ってアドバイスしたのですが、彼いわく「一般の人が怖いから尋ねらんない」。母を知らないから特にオバさんは怖いというのです。結局、何とか浅草寺に帰ってきました。

後日、彼は遠い目をして私に言いました。

「おれ、東京のどこかにお袋がいるかもって考えるんだよ。髪長いのかな、目は大きいんだろうか、肌の色は白いんだろうかって考えるんだよ。おれが一歳の時に置いて行った女だけど、おれお袋が誰か知りたい。で、街ですれ違った四〇（歳）くらいのオバさん見てさ、この人、もしかしたらお袋なんじゃねえかって思うんだよね」

この述懐を聞きながら、私は、あたしが生まれてすぐ母に捨てられ、父に死なれたらどうしたろう、この子が欲しがっているのは愛情なんだなと感じました。

その時、彼がとった行動は、私には衝撃でした。いきなり地べたにひざまずき、「ねえさん、一度でいいからおれと飯食ってくれ。お願いします」と言うじゃありませんか。「いいよ。でも、この祭りが終わってからね」と言うと、すごく嬉しそうな顔をしてくれました。

翌日は雨が降ったものですから、人形が売れません。私はバイを休んだのです。すると、その子は隣の三寸で商売していた中年のバイトのオジサンを蹴飛《けと》ばしたそうで警察まで来たとのこと。私がバイを休んだから迷惑掛けちゃったなと、悪い事した気持ちになりました。

結局、その子と近所の食堂で食事した時、「おれシャブもやっている」などと、様々な話を自分から話しました。普通の大人だったら怒って説教する場面ですが、私はそうしませんでした。彼の身の上話を聞いていると、それは孤独であり、痛みに満ちた少年時代だったからです。そんな彼が、いままで真っ当な道を歩けるはずがないからです。

その後、彼がどうなったのかは分かりません。ただ、お母さんと出会えたらいいなと思う反面、理想のお母さんとは心の中でだけ出会い、実際の母には会わないほうが幸せなのかもなどと考えてしまいます。一歳のわが子を置いて、男と逃げるような女性なんですから。

縁日はいろんな思い出を残してくれます。お金を出してもこういう経験は出来ません。縁日のバイは暑い日も寒い日もあります。決して楽な商売ではありませんけれど、様々な人と人の間に生まれる即興のドラマを作ってくれます。デパートの人形売り場では味わえない出会い——。一瞬、刹那の出会いですが、まさに人間交差点です。お客さんから貴重な一生の思い出をもらいました。

テキヤのバイも潮時かな

人形は、売れたら売れるだけ品物が雑になります。バイの時も、たった一人で天張り上げて三寸を組まなきゃいけません。テキヤ仲間の受付をしてショバ割り、サツカン（警察の道路使用許可）行って忙しい。バイも「いらっしゃい」だけじゃあ売れない。説明できないといけません。だから、人には任せられない。縁日の期間は、そりゃあもうへとへとになります。

仕方ないので、途中からですが、荷物の運搬は赤帽さんにお願いしました。この赤帽さんがいい人で、バイが終わるまで待っててくれるし、三寸の解体から天張りの畳みまでしてくれるようになりました。当時、私も還暦近い年齢でしたので、このご厚意には、随分と助けられました。

しかし、とうとうバイも辞める潮時かなという事件が起こります。五月のドル箱、亀戸天神社の縁日でした。ここで頑張れば、半年間バイをしなくても食べられる位の売り上げが見込めます。私は、たまたま自転車に乗って移動していたのですが、縁石に自転車が乗り上げて転んじゃいました。手を突いたものですから、手首を挫《くじ》いたのですね。バイの直前ですから、出来立てのキズを持って病院に駆け込み、「先生、出来立ての怪我だからさ、早いとこ治してよ」って無理を言いました。「外からだけじゃあ分かんないよ」と、レントゲンを撮ったところ、見事にヒビが入っています。結局、大層なギプスをはめられてしまい、バイどころではありません。

「この商売、もう無理なんだよ」という天の声が、この怪我なんかなと思いました。これが縁日のバイを辞めるきっかけです。私は六三歳になっていました。

自転車で転んだことがきっかけで、テキヤ社会から足を洗うことになった私は、東京の下町を離れ、関東近県に移り住みました。以来十数星霜、あるきっかけで、廣末先生と巡り会うことになります。気がついたら、自分の半生を思い起こし、言霊のように彼に伝える私がいました。

それまでは「私の生きてきた道はこれで良かったのか？」と思う部分も多々あったけど、今「私の人生、波乱万丈だったけど、捨てたもんではなかった。この人生で良かった」と誇りをもって言えるようになりました。人生って何が起こるか分からないものね。この出会いに感謝です。

（二〇二二年二月一七日、三月一二日、四月二二日「対面」、三月三日、四月四日「電話」）

注1　「華やかな高市《タカマチ》（祭縁日）での出店、傍目には莫大な収益を上げているようにみえ、それを取りしきる神農会の会長の懐にはこれまた莫大な『カスリ』が入っているものと思われがちで、稼業違いのヤクザや暴力団の標的とされやすく……だから組織は被害を未然に防ぐための示威、結集であり、自衛のための集いである」（北園忠治『香具師はつらいよ』葦書房、一九九〇年、二六頁）。そのため、テキヤの仲間内では、連名した染物などを商売の際に掲げたりして、連帯意識を強化・維持していると思われる。

第三章　彼らはどこから来て、どこへ行くのか

商売の原初の形態

テキヤの大先輩であるお二人に、その半生を語ってもらったが、「一体全体、テキヤとはどこから来たんだい」という疑問が生ずるのは当然であろう。そうした疑問に答えるべく、簡単にテキヤのルーツを見てみよう。

テキヤの源流は諸説ある。犯罪学関連の学会には、各時代において、ヤクザやテキヤ研究の大家と云われる研究者が存在した。その鼻祖は、社会学者の岩井《いわい》弘融《ひろあき》である。この大家と云われる岩井の名著『病理集団の構造』を開いても、テキヤのルーツはつまびらかにできていない。

> 近来はテキヤ（的屋）、かつては香具師（ヤシ、ヤーサマ、ヤーコウ）とよばれたところの集団が、いつの頃からどのようにして発生したものであるかは、もとより詳かになしえない。すべてこの種の下層社会では、文書、記録の類も充分に存するものではなく、したがって、せいぜい断片的な資料による類推の域をでないことはいうまでもないところである。テキヤという名称は、ヤー的、つまり、ヤシの転倒から生じたというが、そのヤシという呼称にしても、〈野士〉、〈野師〉、〈薬師〉、〈矢師〉、〈八師〉、〈弥四〉の諸説紛々としており、しかもそのいずれも信憑するに足るものではない。
>
> （岩井弘融『病理集団の構造』誠信書房、一九六三年、五七頁）

そこで、筆者が参考としたのは、テキヤ諸氏からの評価が高い添田《そえだ》知道《ともみち》の『てきや（香具師）の生活』である。本書はすでに絶版となって久しいため、少し長いが引用する。

> 平城宮のなかに東市《ひがしのいち》と西市《にしのいち》が官設され、市司《いちのつかさ》の管理下に、物資の交易が行われた。市は正午にひらかれ、日没前、鼓を三度うつことでとじられる。これが市の最も代表的なもので、（唐の都長安の東市・西市を範としたもの）また大和の海石榴市《つばきいち》、阿土《あと》桑市《くわいち》、河内

の餌香市《えがのいち》など、朝廷直轄地の市が出ているとか、地方では茨城の高浜、島根朝酌《あさくみ》の促戸《せとの》渡《わたり》、など交通の要衝にあたるところ、漁獲あり、人家多くあるところに市が立つ。市の立つところに人の集まるのは自然の勢いで、そこには歌垣の歓楽ももたれるに至る。

（日本書紀）

市の立つ近傍の人々はそれでよいが、山間の住人は塩や魚類に不自由であり、海辺や島の住人は穀物がほしい。ここに物資の移動がうながされ、行商がおこり、商い旅がはじまる。それに従事したのが海辺からの海女《あま》、山間からの山人《やまびと》、そして浮浪人とある。浮浪人といえば、今日聞こえがわるいが、それは定着生活が一般となった、社会環境の転移発展にともなう感覚のずれである。流泊を生活とする習わしは原始の当然であって、洋の東西を問わぬところである。顕著な例でいえば、こちらに山窩の類[注1]がのこるように、あちらにはジプシーのそれがある。これを軽蔑的に見たり、異端視する者があるとすれば、それは一所定着の習いを性とした者の偏見、または思いあがりといっていい。浮浪人をいやしむいわれはない。早い話が、私たちは旅にさそわれる。ほとんどの人が旅を好む。これこそ浮浪本能のよきあらわれ、魂の郷愁のなせるわざといってよいのではないか（中略）。

香具師は、実はこの浮浪人を原流としているのである。

海人・山人はそれ自身が生産者であるが、浮浪人はそれ自らの生産物をもたない。初期は物資移動・交換のための運搬者ともいえるし、今日語の便利屋ともいえる。これが通貨が行なわれるようになってから「商い」と変じたのである。（中略）

通貨のはっきりしてくるのは708年に至っての和銅開珍からである……政府がこの流通を大いにはかったことから、通貨の観念がしだいに一般化していった。その初期の711年に、穀六升に銭一文という交換率をつくったという。

一般化といっても畿内中心で、遠隔の地方ではまたそれぞれに私銭を用いていて、その統一までには長い時間がかかったことである。

市《いち》の場では、それぞれが持参の品物を、ひろげならべて見せている。通る人々に見せるのが第一要件。それで人々は必要な品をみつけることが容易にできる。これが露店のはじまりで、「見せ」を『見世』と書きはじめたのが、だんだんに「店」になる。それは路上での「見世」から、おいおい常設の店舗ができるようになることを語っている。

（添田知道『てきや（香具師）の生活』雄山閣、一九六四年、四五～四七頁）

この添田説によると、テキヤの露店は、商売の原初の形態とみることができるのだ。現代においても、地方の商店街などでは、正月のしめ縄や鏡餅《かがみもち》などは臨時の売り場、すなわち、路上に蓆を敷いたり、簡略に組み立てられた売台の上に並べられ、商われている。テキヤのバイも、古本市などの場合は神社仏閣の板の間に所狭しと古本が広げられて、自由に客の手によって選べるようにしてある。

時は移って江戸時代、「天保十三年（一八四二）の幕令をみると……最近ヤシととなえる歯薬売りや小商売のものが、あたらしく見せ売りや辻商売をひらくものに、難題をもちかけることがあるから、今後は『株仲間』組合をさしとめるということがのせられている」（岩井弘融『病理集団の構造』誠信書房、一九六三年、五八頁）。

岩井弘融は、（「もとより歴史学の専門家でない」という但し書きつきで）「現在のごとき体裁での集団化の原型は、主として徳川中期から徳川末期にかけておこなわれたのではあるまいか。すなわち、香具売薬業者の伝統の下に、零細な移動小商人、職商人、芸人等が、神社仏閣の祭礼開帳、城下町の盛場等において相結んだ一種の株仲間的な団結と思われる。もちろん、親方制そのものは発生の当初より存したであろう」と推測している。[注2] その上で、「いずれにしても、今日この集団が、わが国の下層集団に特有なあの中世的伝承をにない、いわばその象徴的権威を中心に、テキヤ即神農と称し……各種の伝統的、歴史的な諸慣行にまとわれて、一種の封鎖社会を構成してきたものであることは指摘できる事実」であると述べている（前掲書、八五頁）。

戦前に露天商は減少していた

本書は歴史書ではないため、明治から大正時代のテキヤ史は割愛する。

ただし、大正一二年（一九二三年）九月一日に起きた関東大震災については、少々言及すべきだろう。浅草名物の「凌雲閣《りょううんかく》」、すなわち江戸っ子から浅草十二階と呼んで親しまれたシンボルが、八階部分からポッキリ折れて倒壊したほどの未曾有《みぞう》の災害である。帝都中が焼け野原の惨状にあった時、そこから立ち直るには多大な労力と時間が必要であったことは想像に難くない。震災後は、失業者が東京中に溢《あふ》れたといわれる。

折しも日本は、第一次世界大戦後の恐慌時代。帝都を灰燼《かいじん》に帰した震災により、日本経済はマヒ状態に追い込まれていた。恐慌下にあって「大正十三年一月、苦境の中でテキヤの団結を呼びかけて大阪で『全国行商人先駆者同盟』が設立された。東京でも、『露店慣行指定地』が発令されてから間もなく、飯島一家の山田春雄の発案で、従来から露天商を営む正統派が集まり、大正十五年十一月三日『大日本神農会』が発足した……総裁は、元貴族院議員で、貴族界切っての新人と言われた中川良長男爵」であったと伝えられている（実話時代編集部編『極東会大解剖』三和出版、二〇〇三年、四一頁）。

大正十五年二月、警視庁は失業者対策の一環として「露店慣行指定地」（警視庁令第五号交通取締規則第四十条）を発令し、これがますますテキヤを苦しめた。

その内容は「縁日露店慣行地」「特殊露店慣行地」「平日露店慣行地」「臨時露店慣行地」だったが、このために、失業者や、素人が、にわか露天商となり、香具師の正統露店は、ますます苦しい立場に追いこまれていった。（実話時代編集部編『極東会大解剖』三和出版、二〇〇三年、四一頁）

警視庁が出した付け焼き刃的なトップダウンによる失業者対策は、このようなデメリットがあった一方で、若い人たちが露天商になったことにより、テキヤの文化が継承されたメリットもあったといえる。

続く昭和の時代は、神農の人たちには激動期であった。テキヤの商売は平面的デパートというようなものであったから、昭和の初頭には、資本主義の波から生まれたデパートなる怪物に、テキヤ業界は震撼《しんかん》した。これは、大資本による消費者の吸収である。喩《たと》えていうなら、昔ながらに漁師が一本釣りで細々と漁をしていたところ、トロール漁船がやってきて、根こそぎ魚を分捕られる漁師の気分だったのではなかろうか。

その恐怖感が、それまでデパートのなかった浅草をおそったのは、昭和六年、松屋の浅草進出が表面化したときである。

「ぼんやりしてはいられない」と題したビラが、まずくばられ、まかれた。（中略）二月二十日夜、浅草公会堂に「われらの血の叫びを聴け……」の演説会をひらき、広小路松喜のならびに事務所をもうけ、立看板を出し、たくさんのビラをまき、ポスターを貼り出し、地元の結集で関係方面に陳情し、嘆願した。そうした動きのなかにも、工事はすすめられ、鉄骨がそびえた。（添田知道『香具師の生活』雄山閣、一九六四年、二四六〜二四八頁）

添田は、当時の浅草の混乱ぶりを記している。

この翌七年六月十九日には、百貨店の横暴を鳴らして単身日本橋三越本店にのり込み、決意書を前にして割腹をした、四谷新花会の中村宗郎なる犠牲者が出た。その決意書には、

一、百貨店は中小商工業者ルンペン製造所なり
一、今後百貨店を許可せざること

一、現在の社会を考へ、百貨店の建築を中止すること（引用者注、以下略）（添田知道『香具師の生活』雄山閣、一九六四年、二五〇頁）。

このように書かれていたという。

日本橋三越本店で割腹した中村宗郎は、百貨店の進出による小売店の衰退を危惧したのであろう。小売店も、町の小売店と露店商人とは、利害、感情が共通しており、小売店連盟も危機感を露わにしていた。ちなみに、現在の浅草寺仲見世通りの小売店も、もとはテキヤだった店が多いと聞く。

しかし、露天商、小売店による様々な必死の抵抗運動もむなしく終わった。それらは所詮、デパートに代表される大型資本攻勢という新時代のニューウェーブの前には、迫りくる大波を防がんとする砂囊《さのう》の類いに過ぎなかったのである。

こうした時代の変革期にあって、彼らはどうしたか。

みな自衛策から生活圏の拡充を目ざしたことだが、さてそうした志望をのばしてゆくためには、政治の面にノー・タッチではだめだということも気づかれてきた。

そのトップ・バッターになったのは、倉持忠助[注3]である。昭和三年の普選実施第一回立候補に落選したあと、まず区会議員になり、五年、東京市会議員となった。（中略）これが刺激となって、神農連が相ついで、居住地の各区会に出て行った。その名をあげてみると、

地名　家名

森　一生（下　谷）……飯　島・倉　持
清水宗七（下　谷）……飯　島・倉　持
狩野輪唐次（小石川）……東京両国家
松本芳市（荏　原）……飯　島・小　柳
小島貞次郎（本　所）……姉　ヶ　崎
安田朝信（新　宿）……東京早野会
松葉　武（牛　込）……会　津　家

（引用者注、以下略）（添田知道『香具師の生活』雄山閣、一九六四年、二五三頁～二五四頁）

大正時代から昭和初期までの紆余《うよ》曲折を経て、このような政治への取り組みも行い、上向きに充実・発展したかに見えたテキヤ業界であったが、そのまま安泰ということではなかっ

た。

昭和十年代は、そうした神農連の公職参与といった背景もあって、露商界は充実・発展の途をたどっていたのだが、これをまた、しぼませていったのは、戦争である。満洲事変から大東亜戦に発展してゆくなかで、若い者は次々と兵隊にとられてゆく。てきや人口が減り、年長者ばかりがのこるのだが、これもそれぞれ何らかの徴用をうける。何よりも物資の欠乏で、商品がなくなる。これがほんとの「あがったり」ということである。（添田知道『香具師の生活』雄山閣、一九六四年、二五五頁）

日華事変から太平洋戦争にかけての時期は、露店商の減少の時期である。臨時露店時代の膨張は、いわば一時的現象で数年後には前述の一割未満[注4]にまで減少し、昭和十九年には約四千名、そして昭和二十年の終戦時には三千五百名、しかも出店数は約五百店という小数であった。（岩井弘融『病理集団の構造』誠信書房、一九六三年、一一一頁）

闇市での再興

昭和二〇年（一九四五年）八月一五日、日本は終戦を迎えた。大都市はいたるところ焼け野原である。大資本の象徴たるデパートも灰燼に帰した。一気に平城京《へいじょうきょう》時代とまではいかないが、神農が路傍に市をひらいたという、おそらくそのままの条件が整った。店を構えての小売店とは違い、社会の底辺を生き抜いてきた神農民、テキヤの気骨は失われてはいなかった。彼らは、この状況を好機と捉《とら》えたのではないか。物がない混迷の時代にあって、露店こそが、大衆の日常生活に役立つ市場であった。

この原始的市場風景は、関東大震災後の状態と同じであった。「人口四百十八万余の当時の東京のあちこちに、統制品[注5]を売る露店が『青空市場』とか『自由市場』と呼ばれて立ちならび、闇市の数は、一万七千店といわれた[注6]」（実話時代編集部編『極東会大解剖』三和出版、二〇〇三年、六七頁）。

浅草に例をとれば、焼野原のそこかしこ、まずツギモノ（飲食物）にはじまった。鉄板で魚貝を焼いて食べさせたのだ。平貝をいため焼する野天店がずらりとならんだのは、一種壮観であった。この鉄板の上が、焼きそばとなる。山もりの細麵を両手のハガシでくりかえす、その手もとのさばきが呼び声といっしょに、リズミカルにうごくのが食欲をそそった。これについで、古着、古道具、そまつな日用品である。どれもこれも、必要なものばかりだった[注7]。これらは当然に生産の地とつながりをもってのことで、はじめは露商自身が肩にしょってきたのだし、かつぎ屋を必要ともした。(中略)地道なかつぎ屋もあれば、悪質のヤミ屋もあったことは事実だが、この肩でかつぎ、足で歩いた層の、社会生活上のはたらきは考えなくてはならない。

あたりのバラックが建ちはじめる。それにつれて露店の方も、鉄板一枚、むしろ一枚、戸板一枚であったのが、露店は露店なりの恰好を徐々につけてきた。これが町の復興のそもそものはじまりであったところに、露店の意味と役立ちを考えてよかろう。

この古着・古洋服の露店から、「浅草は洋服が安い」といわれて、遠いところから人をよぶことをした。古着屋は徐々に新品も扱うようになった。靴もそうである。浅草が、観音参詣なり、娯楽をもとめる場であるだけでなく、物資面でも、ことに日常生活にむすびついているところに、大衆性があるということである。(添田知道『香具師の生活』雄山閣、一九六四年、二五五頁〜二五七頁)

第二次世界大戦という惨禍が、皮肉にも焦土の中においてテキヤに商機をもたらし、新たな人材供給の機会を与えたのである。本書で紹介した宮田氏の父親は人形師だったが、家族を食わせるために転業してテキヤになっている。こうした例は、当時そこかしこに見られたのではないだろうか。

　これは一つの例であって、新宿でも池袋でも渋谷《しぶや》でも、あるいは焼夷弾《しょういだん》に焼かれた地方都市でも、事情は大同小異であったろう。池袋においては極東会・関口《せきぐち》一家[注8]が仕切っていたようで、警視庁の暴力団リストに次のような記述があったようである。「戦後の混乱期に池袋のブラック・マーケットの利権を獲得し、配下に大幹部、中幹部の階級制度をもうけて急激に発展。本来の露店営業を離れ、景品買い、ノミ行為、デンスケ賭博、人夫出し、キャバレーの用心棒、債権取りたてなどを資金源とする者が多い」（実話時代編集部編『極東会大解剖』三和出版、二〇〇三年、一〇頁）。

　事実、本書で紹介した江東三寸帳元の娘の話においても、人形師であった父親は、家族を食べさせるために不本意ながら闇市のテキヤに加わり、後に帳元（親分）という地位に就いている。庶民のニーズがあったから闇市は栄えた。その混沌《こんとん》のるつぼとなった時代において、買う側も売る側もお互いさまだったのだ。

　町が徐々に形を整えてくるにしたがって、露店のスペースはせばめられてくる。

　そこへ、晴天の霹靂《へきれき》、GHQの露店禁止方針[注9]がうち出されてきた。これは露天商が息の根をとめられることである。転業資金三万円の交付をうけても、それではどうにもならぬ。ここでその対策を講じた新宿の例をあげよう。

露商の組合で、三百の組合員が、十五万円ずつ醵出《きょしゅつ》して、移動しないですむビルを建てようということである。醵出金の耳をそろえられる者はほとんどない。金は中央金庫から借り出すのである。その運動は骨が折れたろうが、ともあれそれを達したというところには、どれほどの熱意・努力があったか、十分に察しられる。

こうして四層の『サービス・センター』なるものができた。はからずも、往年の市街デパートの構想が、立体的なものになって実現したのである。小ながらも、まさしくデパートメント・ストアである。デパートとちがうところは、個々の出店者の共同出資ということである。サービス・センターの名をそのままに、品種の多彩もさることながら、古道具屋もあったりする、夜店の感じもどこかに漂わせたような異色デパートであった。このビルの警備員長をうけたまわったのが、てきや界の名物男・飯島一家・ケンペイシゲこと渡辺末男であった。（添田知道『香具師の生活』雄山閣、一九六四年、二五七頁〜二五八頁）

テキヤが警備し、夜店の感じもどこかに漂わせたような露店の集合体、異色のデパートであったが、一九五五年に京都市発祥で全国展開していた百貨店・丸物に買収され「マルブツ百貨店」となってゆくのである。

このように、一九四九年の露店整理令を機に、公道上の露店は禁止され、以後は寺社境内などで臨時に営業してゆくようになった。現在、縁日でしか見かけない露店は、関東大震災や戦中戦後という時代の波にもまれながらも、必死にテキヤ稼業を続けてきた神農の人々の末裔《まつえい》である。その時代のリアルは、「人形師から転身してテキヤの親分になった」一人の男の人生史に垣間見《かいまみ》られる。

さらに、続く昭和から平成、令和の神農社会は、由緒ある関東のテキヤにおいて、組織事務局長、慶弔委員長を務めた大和氏が自ら語る半生からうかがい知ることができる。

ここで、筆者はもうひとつの問題に焦点を当てねばならない。それは、今後「テキヤはどこに行くのか」ということである。その問題については、現役のテキヤ幹部、あるいは幹部だった者に聞いてみるのが手っ取り早く、最良の方法であると考え、東京下町の現役の東山氏（仮名）と元幹部の男性のもとを訪ねた。

副業がないと厳しい

二〇二〇年以降、コロナ禍が世界を覆い、これまでの日常生活は一変した。とりわけ、飛沫《ひまつ》感染が問題視された結果、「外出自粛」の要請が行政から出され、飲食店や興行関係は大打撃を受けた。その影響は、テキヤにとっては普通の飲食店よりも甚大であった。何せ、人が集まってはいけない。神社仏閣の縁日や夏の花火大会といったイベントから花見に至るまで自粛の対象であるから、テキヤはバイができないし、テイクアウトの対象にもならないのだ。

このテキヤにとって冬の時代、筆者の地元福岡はどうであったか。福岡における傾向と対策から紹介する。

福岡市の市民的な祭りであり、庭場の一家にとっては一年で一番の書き入れ時、諸国旅人さんの商売に貢献する放生会というお祭りがある。二〇二〇年は、新型コロナウイルスが長期化する恐れがあることから、筥崎宮《はこざきぐう》のＨＰに以下のような案内が出た（二〇二一年にも同様の案内が掲示された）。

放生会大祭期間中、境内の閉門時間は十九時迄と致します

「博多三大祭放生会」の開催を楽しみにしていた皆様、お祭り等に関わる全ての皆様方には、このような判断になったことは断腸の思いですが、皆様の安全を最優先にした決定に、何卒ご理解をいただき、明年以降の当大祭にご支援とご協力を賜ります様お願い申し上げます。（二〇二〇年の「お知らせ」）

東北《とうほく》三大祭りである「青森ねぶた祭」「秋田竿燈《かんとう》まつり」「仙台《せんだい》七夕まつり」なども「密」を避け、感染症の拡大を抑えるという目的で中止や規模縮小を余儀なくされているから、仕方ない仕儀とは思われる。しかし、大正期のインフルエンザ（スペイン風邪）の時でも祭りが開催されていたことを考えれば、二〇二〇年、二一年は、テキヤ・神農会の歴史を紐解《ひもと》いても、異例中の異例であったといえる。

テキヤの縄張りは庭場という（ヤクザの縄張りはシマ）。ニワ外に商売に行けば、旅人さんであり、オトモダチである。九州のテキヤは、何も九州内だけで商売をするのではなく、関東あたりまで出向いて三寸を組む。これは、「どこそこの祭り（タカマチ）まではるばる旅をしてバイをしてきたといえば、彼らの自慢になるんだ」と、業界人に聞いた。

しかし、新型コロナウイルスの影響により、三寸は倉庫に積み上げられて出番がない。縁日の場を奪われた子どもたちの落胆は、察するに余りある。しかし、もっと切実なのはテキヤ稼業の人たちである。

もともと、テキヤは大きく儲《もう》かる業態ではない。創意工夫を凝らしたところで、三寸（売台）ひとつあたり、息つく暇もなく大いに売れたとしても日に一五万円程度。それも祭りの期間に限られる。場所代など、出ていくカネもバカにならない。祭りの時に出店するテキヤ稼業だけでは、到底食っていけそうにない。

筆者と共にバイした元若中頭いわく、親分クラスになると、他にも商売をしているとのこと。たとえば、中古車屋や飲み屋などの副業を持っているから、縁日のバイ以外からも収入がある。親分クラスには、テキヤの庭場（ショバ）の地域をシマとするヤクザとの付き合いがある。[注10] だから、出費も多いのだと言う。ちなみに、テキヤの若い衆はカタギだが、本家の親分に限っては土地のヤクザの親分と、兄弟分の盃《さかずき》を交わすケースもある。その理由は、「みな組長や一家の代表者が『オツキアイ』は俺一人でという気持で、類を下部に及ぼさないよう防波堤の役を一身に引き受けている」からである（北園忠治『香具師はつらいよ』葦書房、一九九〇年、二七頁）。

コロナでバイが出来ないから、ちょっと月のモノを待ってくれと言って、「はい、そうですか」というような訳にはいかない。月のモノとは、互助会費、テキヤの団体に払う会費のことだ。税金や国民健康保険料も取り立てがうるさい。大和氏によると、年末のバイが終わるタイミングを見計らって、役所の人間が集金に来ていたそうである。

こうした固定経費以外にも付き合いがある。テキヤの庭場があるシマを治めるヤクザの親分の誕生会では三〇万円、襲名披露式には一〇〇万円、お悔やみ事には三〇万円など、稼業違いとの付き合いにも出費がかさむ。縁日が毎月開かれる訳ではないから、親分クラスの者は、副業を持たなくてはやり繰りできない。

しかし、今回は、モノを売る業界全体がコロナの影響を受け、消費が冷え込んでいることから、随分とテキヤの台所事情は厳しいのではないかと、元若中頭は心配する。彼がテキヤ稼業から足を洗って、サラリーマン生活に移行しても困らなかったのは、蓄えがあったからである。

テキヤと稼業違いのヤクザでも、チャッカリした者は、現役時代から二足の草鞋《わらじ》を履き、引退後の生活に備えてカタギの商売をしている（細君にさせているケースが多い）。一方、「宵越しのカネは持たない」オラオラ系の生き方をしたヤクザは、組織が解散したり、破門で籍を失ったりすると、途端に困窮するのである。

縁日以外の営業努力がものを言う

テキヤは祭りが無い期間、何をしているのか疑問に思われる人も多いだろう。資金力がある者は、先述したように中古車を売ったり、スナックの経営などはできるが、若い者にそうした器量はない。

そこは、親分や兄貴分の顔がものを言う。元若中頭の言によると、祭りが無い時期は、専らヒラビ（平日）というスタイルで商売をしていたという。神社の境内などで、祭りでもないのにポツンとたこ焼きなど売っているのもテキヤのヒラビだが、彼の場合は、スーパーなどに営業をして、店頭（駐車場の片隅など）に三寸を組んで焼き鳥などを売っていたという。

地元のスーパーに営業をかける以上、会社名が入った名刺と、店長へ献上する菓子折りを持ち、足繁くスーパーに通って出店のお願いをする。そうしたら「一度、店を出していいよ」と、根負けして折れてくれる。そこで売り上げを上げると、系列店にもお願いに行き、数店舗のヒラビが営業できるようになるのである。ちなみに、元若中頭は一〇〇円焼き鳥を定期的にヒラビで販売していた。

テキヤの仲間内では、こうしたスタイルのヒラビはネス（素人）のすることで、邪道だという者もいる。しかし、ヒラビは地域密着型のバイであり、一か所あたり毎日三万円ほどの売り上げになる。多い日は七万円くらい稼げるとのこと。しかも、このスタイルで商売した場合、奉納金や上納金を納める必要がない。軒先を借りたスーパーと取り決めた出店料を払えば済むから、ボロい商売である。

元若中頭がヒラビをやっていた頃は、近所のマンションの住民が常連になり、皿を持って買いにきていたそうである。常連客をつくるために、たまにはオマケで数本の焼き鳥を付けてやる。人間関係ができることで、地域の人に喜んでもらえ、祭りが無い時期でも若い衆に給料を払えたと、当時を回想する。

邪道だろうが何だろうが、祭りが開かれないコロナ禍の現在、このような地域密着型のバイをしていないと、テキヤも生き残れない。

加えて、元若中頭の場合はヒラビの営業のため、地元のスーパーや自治体のイベント担当者に営業を掛けていた。さらに、売り方を活《い》かす店舗づくりのために、大工の学校で学びなおしをしている。庭場の外で為《な》される既成の枠組みに囚《とら》われない様々な挑戦が、今まで馴染《なじ》みのない未開拓分野における活動が、コロナ禍後のテキヤを存続させる道なのかもしれない。

コロナ禍で都市がマヒしたその年から、キッチンカーやドライブスルー形式のバイが散見されるようになった。この形式は、本書の取材中に関東でも見かけた。高速道路のパーキングエリアなどでは、キッチンカーが並んでバイをしている。九州では、「福岡市のドライブスルー形式のバイを皮切りに、福岡市に近い久留米《くるめ》市や鳥栖《とす》市でも開催された」（「西日本新聞」二〇二〇年六月九日）。

ホワイト化への努力

二〇二二年五月三日、筆者は東京の下町に足を運んだ。そこで、現役の東山氏（仮名）と会い、テキヤの今後について話を伺った。以下は東山氏の証言である。

「テキヤには、歴史上、増えた時代があります。ひとつは、大正の関東大震災のとき。失業者が増えたため、行政と警察が相談して、一般の人たちが露天商になることを奨励した。もともと露天商は、親方一人に若い者一人という程度だったのが、この政策によって若い衆が増えたのです。

次は、戦後の混乱期。闇市が出た地区は、テキヤが大きくなった。闇市がない地方では、テキヤは増えなかった。幸い東京は闇市だらけでしたから、テキヤの人材には事欠かなかった。

こうした流れが、現在のテキヤに至るわけですが、いまは、若い人がテキヤに入門することは無くなりました。コンビニに行っても分かると思いますが、いつも求人の紙が貼ってある。どこの業界も人が足りない。私が考えるに、これは、会社も店舗も増えすぎたからだと思うんです。コンビニは外国人技能実習生などを受け入れて何とか回せるかもしれませんが、テキヤは無理だと思う。とりわけ、まともに日本に来ている人は難しい。テキヤは個人事業主ですから、労災や保険という問題がある。だから、外国人は難しいんです。

一方、日本人の若者はどうかというと、テキヤは彼らの憧《あこが》れの職業ではない。現代の若者は拘束されるのが嫌だというようになった。若い子の職業トレンドも変化している。一昔前は美容師に憧れたのが、現在はユーチューバーに憧れる若者が多いじゃないですか。

まあ、私の感覚からすると、世の中が豊かになり過ぎた感はありますね。四三年前くらいですか。当時、私の若いころなんか、テキヤの事務所にゴロゴロしていて、一杯の牛丼を仲間と分けて食べていた時代ですよ。何でもいいから仕事しないと食えない時代だった。いまの若い人は、取り敢《あ》えず食えるし、自分の理想的な生き方を求める時代。それがテキヤじゃないことは確かですね。だから、テキヤが直面している問題は、人的問題、なり手不足が第一です。

次の問題は、テキヤの商売ができる場所が少なくなっている。昔は、あるお寺は一〇〇本付けられたのが、今じゃ二〇本しか付けられないなんてザラですよ（本とは、三寸＝露店の数）。これは、庭場のお寺さんのお達しだから、どうしようもない。あと、道路沿いの商売はもうダメというケースが多くなった。警察（機動隊や交通課）の指導に加えて、保健所も力が強くなっています。食品衛生法を盾に指導が入ったら、商売も難しくなる。

キッチンカーは営業許可が取りやすいみたいです。彼らは料理の質で勝負している。不味《まず》いと売れないわけです。だから、企業努力を怠らない。日々、切磋《せっさ》琢磨《たくま》するわけですよ。テキヤからキッチンカーに移行した者もいるけど、業界全体から見ると少ないと思います。キッチンカーやっている人は、基本チョウコウ（素人）ですね。初期費用が安いから、店舗を持てない人がやっているんじゃないかな。素人だから、保健所の許可も取りやすい。

テキヤはショバがあればどうにかなると思っているが、それは昔の話。不味くても雰囲気で売れるとか、そういう時代ではないんです。売れてる同業者は、やはり企業努力をしています。

ちなみに、観光地のキッチンカー、商売のスペースは、イベント企画会社が管理しているようです。この管理会社は、誰でも聞いたことのある人材派遣会社とかですね。

いま、テキヤで管理しているニワにしても、うかうかしていたら、この管理会社が入ってくる可能性がある。彼らは、パソコンでテイタを割るでしょう。寺としては、カスリ（使用料）さえ取れれば誰がやってもいい。しかし、テキヤは管理されるのが嫌。マトモに仕事したくない。ペナルティ制に馴染まないから、人材派遣会社が管理することはできないと思います。

あと、一部だけど、やはりテキヤの商売に入っている人は、前科がある人もいる。罰金以上の刑だと記載される犯罪人名簿を市区町村は保管しているんですよ。これは、出生地の自治体に電話で問い合わせないと分からなかった。現在は、データベース化されているから、簡単に調べられる。そうなると、道路使用許可も出にくくなるわけです。

昔は、警察も寛容だった。テキヤの事務所に四課の人間（暴力団対策課の刑事）がお茶飲みに来て雑談する。いろいろと街の情報収集をして帰っていったもんですが、今じゃ、そんな光景も見られなくなった。上の意向ですかね、警察とは溝が出来てしまいました。

だから、テキヤが直面している二つ目の問題は、世間のまなざしです。世の中の人たちは、テキヤを暴力団とは思っていないと思う。でも、当局はそういう目で見るから、段々と肩身が狭い思いをしないといけなくなっている。実際、テキヤでも銀行通帳が作れなくなっているんですよ。

私が考えるに、これからのテキヤは、真っ当な人しか入れないようにするべきでしょうね。そして、テキヤの組合や団体を「ホワイト化」してゆく必要があるでしょう。これは、官から言われてやるのではなく、テキヤ側が率先して取り組むべき課題と認識しています。

たとえば、最近、ある組織の親分が亡くなられた。私は、若者一人連れて電車でお悔やみに行きました。しかし、そこに車数台で、大人数でもって乗り込んでくる組織もいるわけですよ。普通の住居用マンションへそんなに大人数で押しかけるということは、時代に相応《ふさわ》しくない。こういう意識を変えていかなければ、テキヤは生き残れない。人から言われて変えるのではなく、生き残るためには、テキヤが自らの組織を省みて、主体的に変えていくホワイト化への努力が、求められていると思います。

あれだけのニワ（お寺）、先代から受け継いできたもの。無くしてはいけない。大事にして欲しい。だから、我々が現代社会にあわせ、変わる努力をしていく必要があるのです」

（二〇二二年五月三日に聴取）

土日のヒラビで細々と食べていきたい

もうお一人、匿名を条件に元テキヤ幹部からテキヤの課題を伺った。

「東山さんの指摘にもあったと思いますが、一番やんないといけないのは、テキヤがヤクザの傘下に入らないこと。ただ、歴史的な慣習である程度の交流は仕方ないと思います。テキヤの中には、商売はテキヤの看板、問題が起きたら任俠《にんきょう》（暴力団）の看板を出す人がいる。このような二枚看板は、警察も面白くないですよ。どうしても任俠に拘《こだわ》るのなら、神農の看板を外すべきですね。

テキヤは、これからの時代、試行錯誤して生き残る道を模索すべき。イベント屋に乗っ取られちゃダメです。これまでも、これからも、三寸組んで商売したら人が集まる。地域の人たちに愛されることが基本です。

東山さんの言う通り、後継者の問題は大きい。でも、若い人が居ないわけではない。親子でやってるファミリー経営のところって結構多いです。これが一番堅いスタイルでしょうね。

問題は、お寺さんと行政。彼らが寛容な気持ちを持って、テキヤにバイをさせてほしい。ヤチャ（茶屋）組むな、椅子出すな、酒出すなというような規制強化は何とかしてほしい。

バイにしても、毎週土日のヒラビで一週間食べて行けるようなシステムにして欲しい。私の所属していた組織の庭場のお寺を例に取ると、その昔は、土日祝と続いた時は三日間共商売できたんですが、今は土日のみ。春休みも三月二五日から四月八日の「お釈迦様の誕生日」まではバイを付けられたのが、今じゃバイを付けられる日が、五日程度になってしまった。

土日にするバイは生活費を稼ぐため。タカマチはボーナスとして考えれば、テキヤは食っていけるんです。土日にバイやって稼ぐ。ネタブ（ネタの仕入れ値）と寺社に納めるショバ代、テッカリ（電灯代）引いて四万〜五万の現金残れば一週間食えます。月に土日が四回あれば、約二〇万円の収入になります。サラリーマンとして、手取り二〇万円は少ないですが、テキヤはそれで食っていけるんです。もっとも、ネタモトに借金なんかしなくちゃいけない時もあるでしょうから、それはタカマチの上がりから支払えるようにする。これができれば、一番いいと思います。

あと、露天商組合ですが、ここに所属するテキヤが互助会費を支払うのは仕方ないと思います。組合では、町内会費や祭りの実行委員会への寄付などがあります。ほかに義理のカネが出てゆく（冠婚葬祭費）。事務所費は、家賃のほかに、電話番を一人は雇わないといけない。光熱水道費も出てきます。これらは必要経費として発生しますから、互助会費は仕方がない。これを、組織への上納だと言われたら心外です。なぜなら、私の所属していた組織では、自ら役職別に毎月会費を払っていました。一番高いのは月五万五〇〇〇円、委員長クラスで五万円、幹事で五〇〇〇円だったと記憶しています。

こうして集めたカネで、同じ地域の義理、一〇万円のキャッチボールをやるし、事務所当番に給料払っています。事務所当番は、ニワ持ちの組織の場合、バイの日程や開催に関する問い合わせがあるから、置かなくてはいけない。夜間も転送にしてあります。あとは、暑中見舞いや年賀状作成の事務仕事もあるし、事務所は何かと忙しいんです。これをタダでやるボランティアなんて居やしません。

テキヤは商売ですから、こうした必要経費が発生することは仕方がないことです。ですが、稼業違い（ヤクザ）にゲソ付けていなければ、カスリを納める必要もない。見栄《みえ》を張って派手にすることもないし、細々と商いをしながら生きてゆけるのです。

昔の馴染みのテキヤの人が「テキヤはショウゴクウで稼げる」と言っていました。これは、祭りの多い正月、五月、九月のことです。土日のヒラビとショウゴクウで稼ぐことで、テキヤが暴力団扱いされずに商いを続けていけることが、真の神農人としての願いです」（二〇二二年五月三日に聴取）

初代親分の社会奉仕活動

東山氏、元幹部ともに、テキヤのホワイト化という点に言及している。筆者も、テキヤを十把一絡《ひとから》げで暴力団扱いして、排除の対象にすることに違和感を禁じ得ない。祭りの出店をコントロールする寺社や警察（この場合は、機動隊や交通課）は許可を出し、四課（暴力団対策課）は締め付けるという図はおかしい。ホワイト化したいテキヤは、当局に申請し、警察は身体検査をして、本当にホワイトなら暴力団扱いせずに商売させる。実際、自治体の警察と良好な関係でバイをしているテキヤ組織もあると聞く。ホワイト化の努力義務はテキヤ側にあるものの、警察もテキヤに歩み寄って欲しいものだ。

テキヤが近代的なイベント会社にとって代わられることなく、細々ながらバイを行い、祭りの名脇役として、神社仏閣で活躍し続けることを願ってやまない。

最後に、第一章に登場した大和氏が口伝で先達から聞いていた話を紹介して、この章を閉じたいと思う。彼が所属していたテキヤ組織の歴史は古い。初代親分は、曲馬団（サーカス一座）の一員だったという。明治の終わりに、この曲馬団が解散し、実子が後を継がないというので、その親分が子分の面倒を見るために神農団体を結成した。

親分は、いつも朝からお寺の境内をボランティアで清掃していたこともあり、寺の住職から庭場を与えられたという。寺側としては、寺の再建の意図があったと聞く。親分は、そこでバイをしながら、社会奉仕活動にも着手した。それは、浅草館という居住施設で、現在でいう自立支援施設である。そこには、刑務所出所者や愚連隊、ヤクザ崩れ、まあ、あまり素行がよろしくない人たちを受け入れていた。そして、そこから仕事を斡旋《あっせん》したし、テキヤになりたい者には、ノウハウを伝授していたという。

注1 山窩、「サンカは西洋のジプシーを聯想させる生活者で……彼等は定住して農を業とせず、山裾や川原に小屋を掛け、テントを張つて、箕・籠・笊・風車などの竹細工をなし、下駄表或ひは棕櫚箒などを作り、河川の魚を漁し、山の自然薯を掘り、猟をもし、その手細工品や獲物を近くの村や町に売り鬻いで生活してゐる」者たちであった（林英夫編『近代民衆の記録 4 流民』新人物往来社 一九七一年 三九八頁）。

この記述に見られるように、山窩とは、かつて日本の本州に存在したといわれる流民の集団である。定住することなく原始的な狩猟採集や手細工品を売ることによって生活していたとされる。

注2 口伝では、「ある香具師《やし》が事件を起こして、江戸町奉行の大岡越前守が裁いた。その結果、大岡越前が香具師に行商人としてかなりの権利を与えて、江戸幕府公認となった」という説もある（仲村雅彦監修『テキヤのマネー学』東京三世社、一九八六年、一六五頁）。

注3 三階松四代目・飯島源次郎が興した飯島会宗家に所属した飯島分家倉持の初代親分であった。本拠地は台東区寿。

注4　「『平日』は、普通夜店商人と称せられるもので、毎日もしくは毎晩一定の場所へ露店を張り、常設的露店を形成しているものである。関東においては、大正十二年の関東大震災から、関西においては昭和五、六年の不況期から設定された。後者、すなわち、昭和五年七月の臨時露店の開設は、失業者救済の一策としておこなわれたものであり、旧来のものに合するとき、その開設地域は四百八十二ヶ所から六百ヶ所にまで達したのである。即ち、新たに一五四ヶ所に臨時露店が許可され、一万六千四百九十三名の素人露天商に鑑札が下りたが、これは失敗し、昭和六年八月にはその一割が継続していたにすぎない」（岩井弘融『病理集団の構造』誠信書房、一九六三年、一〇三～一〇四頁）

注5　戦中戦後の配給制度を考えてみればわかる。主食を扱っては食管法違反となる。配給の値よりヤミの値が安い、鮮度が高いという現象もあったことから、人々は闇市に食をはじめとする生活必需品を求めたのである。

注6　戦後は「短期間だが、〝露店がデパートを制した時代〟だ。その内訳は、Ⓐ従来の露店商（3割）、Ⓑ失業者（5割）、Ⓒ罹災商人（2割）」といわれる（仲村雅彦監修『テキヤのマネー学』東京三世社、一九八六年、一六七頁）。

注7　芸人であり香具師であった坂野比呂志の回想を引く。当時の浅草の様子がうかがえる。「闇市はこの浅草のほうぼうにあった。食い物は握りめしやおでん屋が多かったね。でも香具師《やし》、テキ屋の姿がまばらなのはしょうがないね。売る品物《ものしな》がないんだから。鉄かぶとだとか焼け残ったガラクタの類いが多かったね。高市《たかまち》なら二百軒、平日《ひらび》でも五十軒は出ていた店がほんの数えるくらいしか出

ていないんだ」（坂野比呂志『香具師の口上でしゃべろうか』草思社、一九八四年、一八四頁）。

注8 極東会関口一家は、関口愛治を始祖とするテキヤ系暴力団。本拠地は池袋。終戦から昭和三〇年にかけて勢力を伸長した。

注9 「昭和21年（1946年）＝第一次暴力団狩り。同26年＝GHQ指令による「団体解散」で、常設露店廃止。同27年＝「日本街商連盟」結成。都や警察庁に陳情。その結果、縁日露店のみ出店許可が出た」（仲村雅彦監修『テキヤのマネー学』東京三世社、一九八六年、一六七頁）

「これ以降、露店整理令で一部を除き、公道上の露店は禁止され、以後は寺社境内などで臨時に営業してゆくのである。現在、公道での露店営業は、福岡市や呉市など一部の自治体を除いて許可されていないのである」（初田香成「東京の露店とその行方――第二次世界大戦後の闇市と銀座・京橋での露店整理事業」『鷹陵史学』46号、二〇二〇年）

注10 「確かに暴力団と深い関わりをもつ神農会の会長や一家の長がいることは否定しない。しかし実情はその地方、あるいはその一家の長として地元の露店商はもとより旅かけてはるばる遠方より来た同業者が穏やかなる営業が出来るようにとの願いから関係諸官庁への書類の提出はもとより地元暴力団とのツナギ（話し合い）を取り、表面上は友好関係を結び一般露店商の保護にあたり、暴力常習者などの理不尽な『ユスリ』『タカリ』を抑止するための一種の防波堤の役目を担っているのが真実の姿である」（北園忠治『香具師はつらいよ』葦書房、一九九〇年、二六～二七頁）。

昭和五九年（一九八四年）二月、東京都新宿区のホテルで、関東に本拠を持つテキヤ（合同食事会の後に、大同団結して関東神農同志会を結成する）と関東二十日会（博徒系暴力団）の親睦団体が、親睦と友好のために、合同食事会を開催した。神農（テキヤ側）と関東二十日会の代表者六〇人強が出席したといわれている。以後毎年一回、関東神農同志会と関東二十日会の合同食事会が開催されるようになった。この団結の趣旨も、マチガイ（偶発的な衝突等）を事前に防ぐという意図があったと聞いた。

第二部　テキヤ社会と裏社会の隠語

はじめに

世の中、どのような職場社会にも独特の隠語、符丁がある。たとえば、筆者が若いころに勤務していた百貨店では、お手洗いに行くとき、同僚に対して「タケ行ってきます」と言っていた。街中にある飲食チェーン店でも、お手洗いは「三番行ってきます」、食事は「一番行ってきます」と周囲に聞こえるように言っている。選挙の時には「センシャ回しといて」、「ウグイス対応よろしく」、「ステカン作っといて」など、一般の方が聞いてもチンプンカンプンな言葉が飛び交う。お役所でも同様である。筆者が法務省の業務委託先に勤めていた時、保護観察官の定期駐在は「テイチュウ」、公務員以外のパートは「チンギンさん」などの用語があった。

裏社会や犯罪社会において、隠語や符丁は、共通の仲間に対して意思疎通が可能で、かつ外部の者には分からない（知られたくない）ために、いつの時代にも存在していた。たとえば、紀田順一郎《きだじゅんいちろう》が著書『東京の下層社会』において、桜田文吾《さくらだぶんご》の著述『貧天地饑《き》寒窟《かんくつ》探検記』の中で採取されている隠語を紹介している。それによると、「（サッケイ）とは警察を指す倒語なり」、「(ナダマワリ)とは窃盗に出て立つなり、危機の灘を回るの意と知らる」、あるいは、「(絞り揚げ)とは盥中にある洗濯物を盗むなり」などがある。何《いず》れも犯罪社会で用いられる隠語であったと察せられるが、現代の裏社会では、これらの隠語は消滅し、使われていない(紀田順一郎『東京の下層社会』筑摩書房、二〇〇〇年、五九頁)。

テキヤも例にもれず、隠語や符丁の類が用いられるが、百貨店や飲食店と比べて歴史が古い。さらに、言葉は、その稼業人の口から口へと伝えられる「口伝」形式のため、文字が残っていないから厄介である。筆者もテキヤに入った頃は、この隠語や符丁という類の専門用語には苦労した経験がある。

以下に記すものは、いずれも一部であると思われるが、無形文化が年月と共に廃れるのも勿体《もったい》ないと考え、紹介することにした。

なお、テキヤ用語に続けて裏社会用語を紹介するのは、いかにテキヤという稼業が、そこらのアングラの裏社会とは一線を画す独自の文化を有しているかという点を、読者に伝えるためである。[注1]

注1　むしろ、テキヤの隠語は、労働者や不良文化の中で模倣されていたという。和田信義によると、

「香具師の創造語が、それに多少作為されるか、又はそのまゝに、エスペラントそつちのけの姿で、どしどし博徒、土方、坑夫、さては不良青少年の仲間にまでも流用されて、調法がられてゐると云ふ素晴らしさである」という。この記述をみても、テキヤの隠語や符丁といった創造語が、博徒などの隠語以前に存在していたと見なすことができる（和田信義「香具師奥義書」林英夫編『近代民衆の記録 4 流民』新人物往来社、一九七一年、二四七頁）。

さらに和田は、テキヤの隠語を指して、「遊人、土方、坑夫、不良青少年の隠語が、多くこの香具師の隠語を基にして造られ、役立てられてゐるといふことも亦いかに香具師の隠語が歴史的であり、簡易、且つ組織的に秘密を守る上に便利であるかといふことを、無言裡に証明するものではないか」と述べている（前掲書三〇〇頁）。

テキヤ用語一覧

概説

テキヤの隠語は、多様な形態がある。その法則の分類をみると、少なくとも八種類のカテゴリーがあるようだ。


〈転倒〉＝逆読み。作り方が簡単。いちばん多い。

ショバ（場所）。ズキサカ（盃）。チャクトウ（到着）。ビタ（旅）。ナシ（シナ＝品）。

サンタク（沢山）。クヤ（ヤク＝厄）。ナオ（女）。ペテン（テッペン＝頭）――など。

〈省略〉＝ことばの一部分の省略。あるいは一般語の省略→転意。

バイ（ショーバイ＝商売）。サツ（警察）。コマス（ゴマカス＝ごま化す）。ゲソ（ゲソク＝下足、靴、下駄）。ケイチャン（トケイちゃん＝時計）等。私たちも〝スケコマシ〟などと使う。

〈変読〉＝音読が圧倒的に多い。

ジン（人）。ガン（眼、目）。シャ（者＝人、身内）。スイ（水、雨）。ガンスイ（眼水＝涙）。ガンツケ（眼付け＝目、顔を見る）。ガンヲトバス（眼を飛ばす＝にらむ）――など。

〈分解〉＝文字を分解して読む――ヤギ（八木＝米）。スイチョウ（水鳥↓水酉＝酒）など。

〈借用〉＝古語や方言や外国語などから転用――シャリ（舎利＝米）、ヤチ（谷地＝女陰）等。

〈添加〉＝隠語を加えて、熟語を作る。

シャリ（米、飯）↓ギンシャリ（銀シャリ＝白米飯）↓ナガシャリ（長シャリ＝うどん類）。あるいは、ビラ（衣類）↓スイビラ（水ビラ＝手ぬぐい）↓カクビラ（角ビラ＝ふとん）等。

〈形容〉＝形、色、音、声、動作などからつくる。

ナガバコ（長箱＝電車）。アカ（赤＝血、太陽、火）。クロ（黒＝墨・炭・髪）。ハラアカ（腹赤＝スイカ）。ハクスイ（白水＝雪）。パチンコ（ピストル）。ガリ（のこぎり）など。

〈連想〉＝非常に多い。たとえば、ハサミをカニというのは、カニ↓はさむ↓ハサミという具合。

モヤ（タバコ↑けむる）。ハジキ（拳銃↑たまを飛ばす）。カクベエ（変装↑角兵衛）、等。以上のほかに、〈複合〉として、ゴトバイ（街頭賭博↑不正な仕事＋商売）など、実に多様だ。（仲村雅彦監修『テキヤのマネー学』東京三世社、一九八六年、一一八〜一一九頁）

以下の隠語で、これらに当てはまらないと思えるものもあるが、筆者は歴史学者でも民俗学者でもないので、この程度の分類を引くに止《とど》めたい。

数字

一　ヤリ　ヤリセン＝一〇〇〇円　ヤリマン＝一万円　以下同様
二　フリ

三　カチ
四　タメ
五　ズカ
六　ミズ
七　オキ
八　アッタ
九　ガケ
一〇　チギ（＝ジュウ、チョウ）

ヤリッコ：一〇〇円、**ヤリマン**：一万円、**チリマン**（筆者注・正しくはチギマン）：一〇万円、**イッソク**：一〇〇万円、**ニソク**：二〇〇万円、**フリジュウ**：二〇円または二〇万円、**ヤリジュウ**：一〇円、**ヤリセン**：一〇〇〇円、**カチッコ**：三〇〇円、三六〇円は、カチッコ＋ミズジュウとなる（厚香苗『テキヤ稼業のフォークロア』青弓社、二〇一二年、二八頁参照）。

テキヤ隠語使用例

・バイはマブテン、サンタクヨロクした（商売は上首尾で沢山儲《もう》かった）

・アニコウからタイガリくっちまった（兄貴からひどく怒られた）
・ヒンはヤリモカマラん（銭は一文も無い）
・今日はジンがナイスクだった（今日は人出が少なかった）
・ナゴはオカルバでカンタしている（女は二階で寝ている）
・スイがバレないうちにハヤバにゴイしようぜ（雨が降って来ないうちに早く帰ろう）
・ロクはバシタとショイだ（主人は妻と一緒だ）
・ロップをギラれた（財布を盗まれた）
・ヒンをゴムセ（金を隠せ）
・あいつにヤクマチ切られちゃったよ（あいつに悪口言われた）
・セミをツケたらハクスイがバレてきた（店を出したら雪が降ってきた）
・ズンブリにカマろう（銭湯に行こう）

あ行

アイツキ・付き合いのこと
アイニワ・複数のテキヤ組織が管理・運営している庭場
アオ・青果物
アオタアカモノ・果実
アオタン・掛けの売り買い
アオチ・羽織

アオチ・風
アオリ・扇子、団扇《うちわ》
アカガイタ・火災
アカタン・金魚
アゲチカ・ヘリウム入りの風船
アゲツ・ゴマをする
アゲナマ・売り上げ
アケバ・明日、翌日
アケロウ・ひよこ
アサコウ・朝鮮半島系の人
アシハク・借金すること
アタイ・物価が高い
アツラン・綿入り防寒衣類
アトヅケ・後払い
アニコウ・兄貴
アマシャリ・菓子

アラメン・初対面
アワ・石鹸《せっけん》（＝ボンシャ）
イソイ・危ない（＝ヤバイ）
イロ・情婦（＝ナゴ）
インガモノ・見世物
インチキ・詐欺賭博《とばく》
ウキス・船
ウスラン・単衣《ひとえ》類
ウタウ・自白
ウチオロシ・初商い
ウチコミ・勢いでコトを行うこと
ウツムク・拾う
ウラツ・おみくじ
ウント・無料、ただ
エダ・娘
エンコ・手および指

エンコ・浅草のこと。昔、浅草公園と呼ばれていた頃にできた用語。公園が園公となった
エンコヅケル・手渡しする
オイツイ・がめつい
オージメ・人集め
オオタカ・大きな祭り
オートン・車、タクシー、ハイヤー
オオモサ・大食い。大食漢のこと
オトシマエ・解決。解決をつけること
オニカクラン・蚊帳《かや》
オニキス・焼酎《しょうちゅう》
オビ・ビデオテープ、裏モノビデオ
オンシャク・借金

か行

カイキ・焼き台など
カイダイ・大きい
ガイネ・申請、願書
ガイマチ・喧嘩《けんか》（＝マチガイ）
ガキ・ハガキ、絵ハガキ
カギョウチガイ・ヤクザや博徒を指す
カクスイ・氷
カクラン・夜具、布団
ガサイレ・家宅捜索
ガセ・偽物、まがい物（人物、品物、薬物などで用いる）
カセギコミ・徒弟、修業中
ガセビリ・娼婦《しょうふ》
ガセヒン・偽造通貨
ガセユイ・虚偽の陳述

ガジる・たかること。「あいつにガジられた」
ガツ・正月
ガテ・便り、破門状など（ハガキによるもの）
ガテを飛ばす・便りを送る
ガサ・探す
ガセナ・偽名
ガむ・損をすること（＝ガミ）
ガマトロ・ガマガエルの油
ガメツイ・おいしい、上手《うま》い
カラス・炭
ガリ・殿《しんがり》
カリス・禿《はげ》、禿《は》げ頭
カリスバ・寺
カリムシ・留置場
ガリヒン・小銭
ガリ屋・床屋
ガリショバ・あまり立地的に良くない商いの場所
カリス・僧侶《そうりょ》
ガン・眼、目
ガンスイ・涙。泣くことは、ガンスイタラす
カンスイ・清涼飲料水
カンタする・寝る
カンタン・宿泊
キエモノ・経費
キサシ・詐欺師
キス・酒
キスグレル・酔っ払い
キスヒク・飲酒

キビ・とうもろこし
キラレタ・被害者
ギリカエシ・返品、返金
ギョク・卵
キワモノ・縁起物
キリコミ・参道を参拝に向かっている人
ギリナマ・義理事に出すおカネ。たとえば、襲名披露や冠婚葬祭で包むおカネを指す
キル・出店場所を割り振ること（＝ワル）
ギル・盗《と》る。「ロップギラれた」は、財布を盗まれた
キンケン・統計表
グニヤ・質屋
グニコム・質入れ（＝グニモム）
グニフダ・質札
グラレテシマッタ・自供した
クリカイ・換えること
グル・帯
グレ・浪花《なにわ》節
グレタ・発覚すること（＝メクレタ）
クロワク・死亡通知、葬儀案内
ケイチャン・時計
ケコミバイ・訪問販売
ゲソ・下駄《げた》、靴
ゲソアライ・身元調査
ゲソロップ・足袋《たび》、靴下
ゲソトロ・靴墨
ケツ・血
ケムドロ・姿を隠す、いなくなること
ケル・歩く
ゲロ・白状

ケン・仲間外れ。「あいつはケンした」
ゲンキヨ・芝居
ゲンキヨ小屋・芝居小屋
ケンじる・見る
ケンビ・犬
ゴイする・帰る
ゴイジン・参拝を終え、参道を通って帰る人
ゴウザイ・田舎
コチャモ・玩具《おもちゃ》（＝チャモ）
コツ・サイコロ
ゴットンシ・盗人《ぬすっと》稼業
コハ・箱
コヒン・中古品
コマス・惑わす、誤魔化す
ゴミ・行商
コミヤル・冷遇する
コミセ・少ない資本で開業出来て、口上無しで売る店
ゴミスル・誤魔化す
ゴラン・子ども
ゴランバイ・子ども向けのバイ。たとえば、ソースせんべい、あんず飴《あめ》など
コマス・誤魔化す
ゴロマク・喧嘩《けんか》する

さ行

サイチイ・小さい（＝チャイチイ）
ザカ・大阪
サキヅケ・前払い
サシアイ・同日、同種
サツ・警察（＝デコスケ）

サツカン・警察の道路使用許可
サネ・女性器
サマジイ・おじいさん
サマバア・おばあさん（＝サンバ）
サンガツ・鼻
サンズン・売台
サンタクトヒ・雑踏
ザンネタ・残り物、古いネタ
ザンブロ・風呂《ふろ》、特にソープランドを指す
シカ・菓子
ジク・当たりつきくじ引きの商売
シケ・閑散
シケネタ・古いネタ（材料）
シケノラン・木綿衣類
ジメ師・人集めをする（できる）人
シャゲイ・芸者
シャジコウ・医者、病院
シャリ・飯
シャリツグ・喫飯、飯を食うこと
シャリマ・下女
小カクラン・座布団
ショウゴクウ・正月、五月、九月を指し、テキヤは、ショウゴクウが来ると稼げるという。概して、これらの月はお祭りが多い
ジョキンバ・近所
ショナイ・秘密、内緒事
ジン・人のこと。ただし、数える場合はヤリジンとは言わずヤリニン、フリニンと数える
シンカ・菓子
ジンキヤリ・客

シンシャ・写真
ジンゾー・指輪（=ワユビ、ワッパ）
ジンダイ・人の流れ、人の性質などを指す
シンネタ・流行もの（=アラネタ）
シンノウ・神農のこと。テキヤの祀神《しじん》またはテキヤ全般を指す
スイネキ・水あめ、あんず飴など
スイバレ・雨天
スイビラ・手ぬぐい、タオル
スイリコー・氷
ズキ・傷
ズキサカ・盃《さかずき》
スクリン・アイスクリーム
スデゴロ・素手の喧嘩
スメコ・娘
スヤイ・物価が安い
ズラカル・逃走、高飛び
ズラス・逃走する
スリク・薬
スエヒロ・扇子
セミ・店。「セミをつける」は、店を出すこと
ソデシタ・わいろ
ソリ・剃刀《かみそり》

た行

タイアラタメ・警察官による所持品検査（=タメアライ）
タイガリ・とても怒られること
ダイキョウ・相弟子、兄弟分
タカマチ・大縁日

タカメ・他家名のこと。同業者で他所《よそ》の組織を指して使う
タカモノ・見世物小屋、興行物等
タギス・窃盗犯
タク・能弁
タタキ・強盗
ダチ・テキヤ稼業人
タチ・包丁、匕首《あいくち》
ダフ・札、花札
ダリコウ・馬鹿
タレタ・恋愛
タロウ・田舎者
タンカ・商売の口上
タンカバイ・口上を伴う商売。主に食品
ダンベエ・旦那衆
チカ・風船。水ヨーヨー（水チカ）、ヘリウム入り風船（アゲチカ）
チカロク・もうすぐ死ぬこと
チク・竹
チバ師・テキヤでない偽者。場違い
チャクトウ・到着
チャモ・玩具《がんぐ》
チャリフル・捨てること
チャリンコ・掏摸《すり》
チュウゴラン・青少年
チョウコウ・一般大衆
チョウコウ・素人（＝ネス）
チョーフ・手間、分け前
チョーフ分け・手間賃を分配すること
チョキ・ハサミ
チラシ・冠婚葬祭の案内状
チラス・売却すること

チラス・販売、捌《さば》くこと
ツキズラ・食い逃げ
ツギモノ・食べ物。食べ物は命をつなぐ
意味
ツナギ・話し合い
ヅマ・手品
ツマミチョーフ・小遣い（修行中の若者に
親分が与えるカネ）
ツミマ・少し
ツラカル・逃げる
ツリマ・神祭
ツレゴラン・子ども連れ
テイタ・出店場所一覧
テイタワリ・出店場所の割り振り（＝テイ
タをキル）
テウチ・和解
デキダカ・臨時の祭り
テキヤ・香具師《やし》、露天商
デク・人形
デクマ・熊手
テコボウ・箸《はし》
テッカリ・照明、電灯、マッチ
デッチネタ・自家製の商品
デッチる・作る。「デクマをフリ本デッチ
る」は、熊手を二本作る
デフ・筆
テラコヤ・学校のこと。テラコヤダチは
同窓生を指す
テラブクロ・提灯《ちょうちん》
テンガイ・帽子、傘、天空
デンキ・綿菓子
テンショバ・売れる場所、良い場所

ドウカツ・映画（カツドウ写真）
トーハ・一味
ドバ・場所（＝ショバ）
ドバヒン・場所代（＝ドバナマ）
ドヤ・宿屋、ホテル
ドヤヒン・宿泊代
トロ・油、油脂
トンコ・ずらかること
トンスケ・嘘
トントン・才覚。巧みに誤魔化すこと
トンバイ・だまし売り

な行

ナオン・女（＝ナイスケ）
ナガシャリ・麺《めん》類
ナガバコ・電車
ナキ・愚痴
ナゴ・夫人
ナシオト・口上を伴わない商売のこと。お面売りやリンゴ飴
ナマ・現金、お金（＝オヒン、オシン）
ナリ・姿、服装、格好
ニガモノ・覚せい剤、合法・非合法を問わず薬全般を指す
ニガモンスリーク・黒焼物
ニワヌシ・庭主、庭場の親分
ニワバ・庭場、テキヤの縄張り
ニン・制服巡査
ネカル・止めること
ネキ・飴
ネスアカ・素人のままのこと
ネスキル・足を洗って素人になること

ネタ・品物、商品
ネタグレ・内容が判明すること（＝ネタバレ）
ネタヅケ・出店申請
ネタになる・完売すること
ネタヒン・仕入れ代金（＝ネタブ）
ネタモト・商品の卸元
ネムル・死ぬ
ネリ・相撲
ネンマン・万年筆
ノードク・薬草の処方本
ノコ・鋸《のこぎり》
ノビ・ゴム紐《ひも》
ノビダカ・延期になった祭り
ノリナマ・電車賃（＝ノリヒン）

は行

バイ・テキヤの商売
バイサキ・販路
バイサン・裁判
パイス・内部密告者、警察協力者
ハイナシ・一文無し
ハクイ・美しい、良い、上等など
ハクイナゴ・美しい婦人
ハクイラン・絹物衣類
ハクスイ・雪
ハコ・電車
バコト・言葉
ハコバ・派出所
ハコバイ・乗り物の中での物品販売
バサ・叩《たた》く、アオバサはバナナのたたき売り

ハジキ・拳銃《けんじゅう》
バシタ・妻
ハッタリ・威嚇
バックレる・しらばっくれる
ハツる・切られる
バヒ・馬
ハボク・植木売り
ハヤグル・自転車
ハヤセン・電話
ハヤロク・ひよこ
ハラアカ・スイカ（＝ボウズ）
バラシタ・傷害
パラレル・逮捕
バレタ・殺された
バンソロ・算盤《そろばん》
ヒガバ・厠《かわや》

ヒキネタ・仕入れた商品
ビタ・旅（地方の意味あり）
ビタニノル・旅に出る
ヒツジ・紙。羊が食べるから
ヒツジノモノ・紙製品
ヒネ・警察一般（＝デコスケ）
ヒネワリ・警察が出店場所を割り振ること
ビハナ・花火
ビラ・着物や衣類
ヒラバ・縁日
ヒラビ・縁日以外の商売
ヒル・盗る、盗む
ヒン・銭、おカネ
ヒンガマリ・カネ持ち、金満家
ヒンクヤ・貧乏人

ヒンボリ・無理に金を借りること
プーバイ・ダフ屋
ブケ・警部
ブショウ・博打《ばくち》
ブショウネリ・博打打ち
フダ・骨牌《カルタ》
フッタ・殺害、死んだ
フミコミ・客が買い求めに来ること
ブンシン・新聞
ヘガバ・便所、悪い場所
ヘグ・女を抱く（＝ケル）。「あの女とヘゲた」
ベコ・神戸《こうべ》
ベシャル・他言する
ペテン・頭
ペテントロ・白髪染め
ペテンワリ・人頭割り
ヘロ・メッキ、鍍金《ときん》
ボウズ・西瓜《スイカ》
ボウヤン・猿のこと。サル＝去るは忌み言葉である
ボク・植木や苗木（＝ハボク）
ボクチン・木賃宿
ボコ・大判焼き、今川焼のこと
ボサダカ・小規模な祭り
ボンゴシ・建築土木用ハンマー
ボンシャ・石鹸
ホンチャン・本物（＝マブ）
ホンドバ・良い場所
ホンムシ・牢獄《ろうごく》、刑務所

ま行

マキ・帯
マキトロ・蛇の油。薬効を売りにしたネタ
マキムシバ・蛇
マクテン・天幕
マグレ・夕方
マゴヘイ・餅《もち》
マブ・本物
マブテン・上首尾
マブネタ・新しいネタ（材料）
マワリメンツー・大勢の前で切る仁義のこと
ミンサイ・催眠術
ムカウ・買う
ムシ・刑務所
ムシカマッタ・入獄した（＝アカオチ）
ムシマ・マムシ
ムラサキ・醬油《しょうゆ》
メングレ・顔見知り
メンチョウ・帳面
メンツー・仁義（を切ること）を指す（＝アイツキ）
メンツナギ・面接
モサ・腹、度胸
モサガマリ・妊娠
モサキリ・スリ、万引犯（＝チャリンコ）
モサコキ・空腹。モサコケたとは、腹が減った意
モサマキ・腹巻
モチズラ・持ち逃げ
モヤ・タバコ

モヤイレ・煙草入れ
モヤヒク・喫煙
モンチャン・彫り物
モンパ・破門

や行

ヤエンボ・密告者
ヤクネタ・（集団内における）厄介者
ヤクマチ・悪口
ヤゴロ・刃物などを用いた喧嘩
ヤコン・今夜
ヤサ・住居、家
ヤサグレ・家出
ヤサグレル・家を出る、家を無くすこと
ヤサバイ・集会所などでの販売
ヤサミセ・個人の商店
ヤジコウ・老人の男性、親父
ヤスケ・寿司《すし》
ヤチ・陰部（＝ビリ）
ヤチモロ・ヤチが脆《もろ》いから尻軽女《しりがる》（スケベ男も指す）
ヤチャ・テントで組んだ茶店
ヤッチャバ・市場
ヤホン・本、書籍
ヨイチ・胴巻、財布
ヨウキス・洋酒
ヨウゲソ・靴
ヨウシャリ・洋食
ヨウテンガイ・こうもり傘
ヨーラン・背広
ヨサ・晩、夜
ヨシコ・男性器

ヨスミ・風呂敷
ヨタモノ・前科者
ヨツにカマル・強姦《ごうかん》する
ヨド・極めて小規模な祭り
ヨナダカ・夜の祭り
ヨナツキナミ・夜店
ヨミ・暦
ヨリドシ・年寄り
ヨルヒ・快晴
ヨロク・儲かる

ら行

ラサ・新品、更もの
ラン・衣類一般（＝ランバリ）
リスク・薬
リツ・法律書籍
リュコウ・勾留《こうりゅう》
レコ・情夫（＝マブ）
レツ・連れ
ローズを通す・話を通すこと
ロク・主人または男
ロクマ・易
ロクる・死ぬこと。六は四と二で死に目
ロツ・合図
ロップ・財布、袋

わ行

ワカロク・若い男性
ワリゴト・悪いこと、いかさま商売
ワリゴトを入れる・断り事を伝える
ワンチャ・茶碗《ちゃわん》

※【テキヤ用語一覧】については、以下の書籍を参考に作成しているが、筆者が直接にテキヤの人たちに尋ねて収集したものや、参考・引用文献によるテキヤ用語を、加筆・修正したものが含まれる。

厚香苗『テキヤ稼業のフォークロア』青弓社、二〇一二年
坂野比呂志『香具師の口上でしゃべろうか』草思社、一九八四年
添田知道『てきや（香具師）の生活』雄山閣、一九六四年
林英夫編『近代民衆の記録4　流民』新人物往来社、一九七一年
日本任俠研究会編『任俠大百科（私家本）』岩崎企画、一九八六年

裏社会用語一覧

以下では、二〇〇三年以降に、筆者が関わった調査で、取材対象者から聞いた範囲の裏社会用語を記述する。裏社会の用語は、地方や地域によって異なるものもあるという点を含みおき頂きたい。

あ行

赤落ち・判決が確定し、刑務所に収監されること

赤玉・向精神薬「エリミン」のこと。覚せい剤と併せて服用すると興奮度が倍増すると言われる

アゴいく・喋《しゃべ》ること

足がつく・犯罪の証拠を（不注意に）残す

こと

足を洗う・ヤクザを辞めてカタギになること

炙《あぶ》る・(1)文字通り火で身体を炙ること。拷問の際に用いる手段
(2)覚せい剤の吸引方法。スプーンの上の結晶を火で炙り、気化した覚せい剤を吸引する方法

アヤを付ける・因縁をつけること

アンコ・刑務所内における同性愛関係の女役のこと

アンナカ・覚せい剤の嵩《かさ》増し用薬物。家畜用の興奮剤

アンパン・シンナー

行き腰がある・根性がある。喧嘩上等で生きが良いなどの意味

イタズラ・博打のこと

一本独鈷《いっぽんどっこ》・広域暴力団に所属しない地域型の暴力団組織

イモを引く・怖がること。腰が引けるさま

イヤキチ・嫌がらせのこと

いわす・殴る蹴《け》るなどの暴行を加え、痛い目にあわせること

インカジ・違法なインターネット・カジノのこと

インケツ・想定外の貧乏くじを引くこと

うたう・警察などの取り調べで自供すること

うちの厄介者・ヤクザが自分の妻女を指して紹介する際に用いる

売る・警察や敵対組織に、対象者の情報

を漏《も》らすこと

枝（エダ）・暴力団組織の三次団体以下の系列団体のこと

画《え》（絵）を書く・陰謀を巡らす。策略を考えること

エンコ詰め・自分や兄弟分の不始末のケジメとして、指を詰めること。刃物を用いて指を切り落とすこと

叔父貴《おじき》・親分の兄弟分

おじゃまします・空き巣犯のこと

落とし前・物事の責任を取ること

親子盃・親分と子分の関係を持つための儀式的な行為

女・漢字の女は、ヤクザが個人的に関係する女性の中で最上級。遊び相手の女性の場合は「オンナ」といい、次に親密な女性が「おんな」となる。結婚相手としては、水商売など風俗関係ではなく、カタギの仕事をしている女性が好まれる

か行

返し・やり返すこと。先方の攻撃に対する報復

掛け合い・ヤクザ同士の交渉のこと

囲い込む・現在は第三者である者を、仲間に引き入れること

ガサ・家宅捜査

貸元・博打場の親分。親分のほか、「代貸」と「出方」が博徒の幹部。それ以下を三下《さんした》と言う

ガジる・恐喝すること

型悪い・平素の行いが悪い者。酒乱や覚

せい剤中毒者で他人に迷惑を掛ける者などを指して言われる
カタギ・ヤクザではない一般人のこと
カタにはめる・陰謀を巡らし、ターゲットを徐々に陥れること
カチカチ・火付け。放火の犯罪者
カチコミ・抗争の際に、相手組織に殴り込みに行くこと
カマシ・嘘や虚言を含む恫喝《どうかつ》
ガラス割り・抗争の相手方や脅しの対象の建物などに、実弾を打ち込むこと。人間の殺傷が目的ではなく、威嚇や警告の意味がある
カブる・他人の罪（共犯を含む）を、自分の罪として抗弁せずに認めること
身体に入れる・人を拳銃で撃ち、銃弾を当てること。覚せい剤を注射する場合も用いる
貫目・ヤクザ社会で通用している地位や肩書の高低
貫目が足らない・身分不相応のこと
完黙・取調官に対して完全黙秘すること。貝になるともいう
切符が回る・警察から逮捕状が出たこと
逆盃・盃を返すこと
兄弟盃・兄貴分と子分の関係を持つための儀式的な行為。四分六、七三など、立場によって兄弟の比重が異なる
義理事・襲名披露式や葬儀、身内外の親分の誕生日などの祝儀・不祝儀のこと
義理を噛《か》む・他人に借りを作ること
キリトリ・債権などの取り立て

ギリナマ・義理事（葬儀や代替わり式）に遣う現金のこと
金的・金銭的に裕福なカモのこと
金主《きんしゅ》・スポンサーのこと
空気を入れる・行動への助言をしたり、そそのかすこと。良い意味では用いない
クスリ・違法、合法的な薬物を指す。一般的には覚せい剤の意味で用いられる
クスリ屋・覚せい剤を扱っている（販売している）人物・団体を指す
クロブタ・抗争などで、条件を付けない手打ちのこと
クロワク・葬儀回状のこと
ゲソをつける・ヤクザ組織と利害関係を持つ。あるいは、傘下に入ること
ケツ持ち・背後に存在する面倒見のヤクザのこと
ケツをかく・行動するよう促す、そそのかす等
ケツを持ち込む・後始末をお願いされること
ケツを割る・目標を途中で断念すること。物事から逃げ出すこと
現役・現在活動している現役のヤクザのこと
極道・ヤクザのこと
小者（コシャ）・人物が小さい者、地位や肩書が無い者
米櫃《こめびつ》・シノギを指す
ゴロまく・喧嘩をすること
ゴチャ・道理の通らない言いがかりや文句のこと

さ行

盃・親子盃、兄弟盃などを指す

サス・密告すること

寒い（サブイ）・当局に目を付けられる人や場所を指して用いる。「ここは寒いで」など

座布団・同じ組織内の地位や肩書を形容する表現

さらう・拉致《らち》すること

三下・侠客《きょうかく》で、貸元、代貸、出方の三役より下の者。ヤクザでいう幹部ではない者

Gマーク・Gはギャングの意味。刑務所内などで用いる用語で、暴力団員のこと

シキ・博打の場

シキテンを張る、シケ張り・見張ること

ジキリ・組織のために自分の身体を張ること。懲役に行くなど

シケ・状況が悪くどうにもならない状況を指す

死に指・指を詰めたものの、骨折り損になること

シノギ・収入を確保するための経済活動。正業ではなく違法な活動が一般的

四方同席・上座、下座などの席も同列の意味。建前論で、実際は上下席がある

シナモノ・覚せい剤（＝シャブ）

しばく・殴ること

シマ・ヤクザ組織の縄張り

舎弟・兄弟盃を交わした弟分のこと

ジャキまわす・あれこれと悲観的に考えたり、猜疑《さいぎ》心を抱くこと

シャバ・一般社会のこと。刑務所の外を指して使うことが多い

シャブ・覚せい剤のこと（＝品物、薬）

しょう（背負う）・他人の罪を背負うこと。身代わりになること

ションベン刑・短期の懲役刑のこと。量刑にして懲役二～三年

神経・細かいことに拘《こだわ》る人間を指す

神農・神農黄帝のこと。テキヤの守護神。中国の伝説上の皇帝であり、民に農業や養蚕、医学を教え、市場を開いて商業を教示したといわれる

吸い上げ・ヤクザ社会で上部団体が枝の組から上納金を上げさせること

スケ・一般的な女性のこと

筋・道理のこと

スジボリ・刺青《いれずみ》の下絵のこと

筋者・ヤクザのこと

素手ゴロ・素手での喧嘩

ズブズブ・癒着した関係を指す

墨・刺青、彫り物のこと

絶縁・ヤクザの制裁のひとつ。ヤクザ社会からの追放を意味し、最も厳しい制裁

た行

体をかわす・逃げること。追手から逃げる

大学・刑務所のこと。○○大学薬学部といえば、薬物関係で○○刑務所に服役していたという意味

宅下げ・懲役刑の者が、出所後に刑務所から持ち出す私物

タタキ・強盗のこと
タマ・生命のこと
タマポン・たまに覚せい剤を自身のために使用すること
タメロ・対等な者へ対する口のきき方
チクる・密告すること
懲役太郎・男性の懲役刑常習者
懲役花子・女性の懲役刑常習者
チラシ・全国のヤクザ組織に郵送などで回される義理回状のこと。破門や絶縁者の氏名の通知や、冠婚葬祭の案内状
チョンボ・失敗のこと
チンコロ・密告すること
チンピラ・駆け出しのヤクザや下っ端・三下を指す
ツネポン・覚せい剤乱用者
爪を伸ばす・他人のカネや利益に介入し、自分も利にあやかろうとすること
出入り・ヤクザ組織や集団同士の喧嘩
手打ち・ヤクザの個人、あるいは組織同士のケンカの和解のこと
デコ、デコスケ・警察の蔑称《べっしょう》
鉄砲玉・対立相手を殺しに行くヒットマンのこと
テラ銭・博打場の胴元が受け取る手数料。相場は二〇～三〇％ほど
テンパる・緊張して上がっている心理状態のこと
テンプラナンバー・運輸局に登録されていない偽造のナンバープレート
道具・拳銃のこと（＝ハジキ）
道具屋・犯罪用の携帯などを扱う者

所払い・ヤクザの制裁のひとつ。一定の地域からの追放のこと

トバシ・犯罪用の携帯。架空番号の携帯電話

飛ぶ・行き先を告げずに逃げること。覚せい剤の影響で平常心でない場合も用いる

トンコ・とんずらすると同意

ドンブリ・全身に刺青を入った状態

な行

泣きを入れる・弱音を吐く。相手方に詫《わ》びを入れること

逃げをうつ・直面していることを解決せずに回避すること

任侠・仁義を重んじ、弱きを助け、強きを挫《くじ》く生き方、自己犠牲的精神を指す。ヤクザが標榜《ひょうぼう》する理想的な男としての生き方

にんべん屋・偽造屋。身分証などの偽造を専門に行う者

姐《ねえ》さん・親分や兄貴分の嫁や愛人などを指す。女性に対する敬称

ネタ・情報のこと。覚せい剤のことを指す場合もある

眠たいこと・要領を得ない答弁や、自分に都合のいい保身的主張などを指す

ノミ行為・ヤクザが胴元となって開設する私設ギャンブル

は行

パイ・釈放

パクられる・逮捕されること

パケ・覚せい剤の小分けビニール袋

パチもん・まがい物。コピー商品
ハト・伝言をする者
ババ引く・貧乏くじを引いて損をすること
破門・ヤクザの制裁のひとつ。いわゆる組織からの追放処分。破門には、黒字破門と赤字破門がある。前者は復縁の可能性あり
バンかけ・職務質問のこと
パンサー・盗人のこと。アニメのピンクパンサーが語源
反目《はんめ》・対立する敵のこと
半グレ・グレン隊のこと。ヤクザではない。半グレの中には、警察から「準暴力団」と位置付けられる者も存在する
半ネス・ヤクザではないが、カタギでもない輩《やから》のこと
菱《ひし》・山口組のこと
ヒネ・警察の蔑称（＝デコ、デコスケ）
下手を打つ・大きな失敗をしたこと
ヘタレ・度胸や根性のない者
ペテンにかける・騙《だま》すこと
弁当・仮釈放期間、執行猶予期間のこと
放免・出所のこと。
――**祝い**・出所祝い
本家・ヤクザの親分の組織。いわゆる団体本部のこと
ポンプ・覚せい剤の注射器
ポン中・覚せい剤などの薬物中毒者
盆中《ぼんなか》・ヤクザの賭博場のこと

ま行

豆泥棒・不倫の主体。他人の妻を寝取る男性を指して用いる

回り盃・AとB、BとCが盃をしていたとしたら、AとCは回り盃の縁となる

マル暴・警察の暴力団対策課のこと

民暴・民事介入暴力。民事に暴力団が介入し、その威力や暴力を背景にして不当な利益を得ること

毟《むし》る・他人の金品・財産などを搾り取ること

胸割り・胸部の刺青のこと。ミギリと言われるもの

名刺じゃんけん・ヤクザ同士が利害対立した際、それぞれが出した名刺の貫目によって優劣を競うこと

メクレる・嘘や虚言などがバレること。犯罪の発覚を指して使う場合もある

守り代・用心棒代、面倒見料のこと。ミカジメ料ともいう

名代《みょうだい》・組織や、ある人物の代行、代理の人物

もんもん・文身、彫り物、刺青のこと。タトゥーはこの内に入らない

モロテを食う・ナメられること

や行

ヤカラ・無理難題を言い、手に負えない人物のこと。この呼称は、カタギに対しても用いられる

ヤキを入れる・暴力を伴うお仕置きをすること

ヤクザ・暴力団のこと。通説は、オイチョカブの八・九・三を足すと〇となり、一番弱い数字で負けとなることから、「八九三は、役に立たない」という自虐を込めてヤクザという説

ヤサ・自宅のこと

薬局・覚せい剤をシノギとするヤクザ組織、個人を指していう

やっちゃった・わが子殺し

ヤマ返す・反論すること

ヤマ悪い・機嫌が悪い事。主に親分や兄貴分の機嫌が悪い場合に用いる

ヤンキー・若い不良。主に暴走族を指す

あとがき

いつの時代も管理されて生きることを忌避する者や、清く正しく生きられない者は一定数存在する。現在社会は、清く正しく生きてきても、ある日、誰しも落ち込みうる暗くて深い穴が至るところに開いている。

「誰一人取り残さない社会」を実現するためには、大和氏が話した初代親分のような柔軟な発想が必要だろう。生まれた環境から大人になるまで、非合法なサブカルチャーにドップリ漬かって生きてきた結果、前科を持つようになった人、たまたま犯罪に巻き込まれて前科が付いた人、各人各様である。

彼らを受け入れる社会の寛容さには、残念ながら限界がある。何より、現代社会はワンストライクでバッターアウトの時代である。一回の過ちで人生を棒に振り、所属する社会集団も失ってしまう。いい大人が仕事にも就けず、食うために再犯に至るなど、勿体《もったい》ない話である。彼らを排除するより、納税者にした方が、よっぽど国のためになる。

そうであるなら、テキヤのような「後継者不足」の業界で、なおかつ多様性に理解がある社会は、前科があって生き辛《づら》い人たちのセーフティネットになるのではないかと考える。その上で、本書中で紹介した本所の帳元の言ではないが、「この商売、いつまでもやってんじゃねえぞ。どんどん辞めていけ。カネ貯めたら、すぐに辞めろ」でいいと思う。

人間は社会的動物であるから、一人では生きられない。そこに仲間が居ると、何となく日々を生きてゆけるものだ。「社会の最底辺で弱い者、追いつめられた者同士が必死に疑似的な連帯を求めようとする」のは、今も昔も変わっていない（紀田順一郎『東京の下層社会』筑摩書房、二〇〇〇年、二一二頁）。疑似的連帯の中で、「オヤジ」、「兄貴」、「兄弟」と呼ぶからヤクザだ、暴力団だというのは、最底辺を知らない平和人の偏見である。疑似的な連帯を求め得るテキヤのような組織は、社会的に不可欠であり、衰退・消滅されては、社会にとって大きな損失となる。

さらに、彼らの所属する組織の活動が、世間の人々の楽しいひと時に貢献できるなら、言うことなしではないか。

いささか奇論との謗《そし》りを免れないかもしれないが、筆者は、テキヤの人たちが言う「ホワイト化」に加えて、「多様性を受け入れるセーフティネット化」を提唱したい。

はからずも、取材中の四月四日、東武スカイツリーラインの車中（北千住あたり）で耳にした大学生らしき女性たちの会話を紹介したい。

「いろいろ行ったけどさ――やっぱ、浅草が一番よね。出店多いし。○○とか、メチャヤバくない（美味《おい》しい）」

「あれマジヤバかったよね」

「ちょっと人多かったけど、行って良かったね」

彼女たち三人は、おそらく浅草寺のニワに行ったのだろう。彼女たちの人生における思い出の一頁に、楽しく美味しい思い出として、この日の記憶が刻まれたに違いない。彼女たちの言葉が、その日、浅草寺境内でバイをしていた神農の人たちに届くことを願って、筆を擱《お》く。


本書をご担当いただいた角川新書編集長の岸山征寛《きしやまゆきひろ》氏には、執筆に際して親身かつ精緻なご指導を賜った。この場を借りて厚く御礼を申し上げる。

そして、本書を東山氏、大和氏、宮田氏と水藤美智子氏に感謝を込めて捧《ささ》げる。

参考・引用文献

厚香苗『テキヤ稼業のフォークロア』青弓社、二〇一二年
岩井弘融『病理集団の構造』誠信書房、一九六三年
南博ほか編『近代庶民生活誌第七巻　生業』三一書房、一九八七年
紀田順一郎『東京の下層社会』筑摩書房、二〇〇〇年
北園忠治『香具師はつらいよ』葦書房、一九九〇年
坂田春夫＝塩野米松『啖呵こそ、わが稼業』新潮社、二〇〇三年
坂野比呂志『香具師の口上でしゃべろうか』草思社、一九八四年
実話時代編集部編『極東会大解剖』三和出版、二〇〇三年
添田知道『てきや（香具師）の生活』雄山閣、一九六四年
仲村雅彦監修『テキヤのマネー学』東京三世社、一九八六年
那和秀峻『隅田川』東京新聞出版局、一九八七年
初田香成「東京の露店とその行方――第二次世界大戦後の闇市と銀座・京橋での露店整理事

業」『鷹陵史学』46号、二〇二〇年
林英夫編『近代民衆の記録 4 流民』新人物往来社、一九七一年
日本任俠研究会『任俠大百科（私家本）』岩崎企画、一九八六年

写真提供　宮田氏（一四九頁）
　　　　　廣末　登

本書は書き下ろしです。

廣末　登（ひろすえ・のぼる）
1970年、福岡市生まれ。社会学者、博士（学術）。専門は犯罪社会学。龍谷大学犯罪学研究センター嘱託研究員、久留米大学非常勤講師（社会病理学）、法務省・保護司。2001年北九州市立大学法学部卒業、08年同大学大学院社会システム研究科地域社会システム専攻博士後期課程修了。国会議員政策担当秘書、熊本大学イノベーション推進機構助教、福岡県更生保護就労支援事業所長等を経て、現職。裏社会のリアルを、ジャーナリストとは異なる科学的調査法に基づいた取材を重ね、一次情報をもとに解説する。著書に『ヤクザと介護　暴力団離脱者たちの研究』（角川新書）、『ヤクザになる理由』『だからヤクザを辞められない　裏社会メルトダウン』（共に新潮新書）、『組長の妻、はじめます。 女ギャング亜弓姐さんの超ワル人生懺悔録』（新潮文庫）、『ヤクザの幹部をやめて、うどん店はじめました。 極道歴30年中本サンのカタギ修行奮闘記』（新潮社）など。

テキヤの掟《おきて》

祭《まつ》りを担《にな》った文化《ぶんか》、組織《そしき》、慣習《かんしゅう》

廣末《ひろすえ》　登《のぼる》

2023年 1 月 10 日　初版発行
2023年 6 月 10 日　6 版発行

◆◇◇

発行者　山下直久
発　行　株式会社KADOKAWA
〒102-8177　東京都千代田区富士見 2-13-3
電話　0570-002-301（ナビダイヤル）
装 丁 者　緒方修一（ラーフイン・ワークショップ）
ロゴデザイン　good design company
オビデザイン　Zapp!　白金正之
印 刷 所　株式会社KADOKAWA
製 本 所　株式会社KADOKAWA

角川新書
© Noboru Hirosue 2023 Printed in Japan　ISBN978-4-04-082442-0 C0236